中国铁路
经济运行发展报告
2021

《中国铁路经济运行发展报告（2021）》编写组　编

中国铁道出版社有限公司

2022年·北　京

图书在版编目(CIP)数据

中国铁路经济运行发展报告.2021/《中国铁路经济运行发展报告(2021)》编写组编.—北京:中国铁道出版社有限公司,2022.10

ISBN 978-7-113-29813-5

Ⅰ.①中… Ⅱ.①中… Ⅲ.①铁路运输-运输经济-经济发展-研究报告-中国-2021 Ⅳ.①F532.3

中国版本图书馆 CIP 数据核字(2022)第 211451 号

书　　名: **中国铁路经济运行发展报告**(2021)
作　　者:《中国铁路经济运行发展报告(2021)》编写组

责任编辑: 王　健　　　　**编辑部电话:** (010)51873065
装帧设计: 崔丽芳
责任校对: 安海燕
责任印制: 樊启鹏

出版发行: 中国铁道出版社有限公司(100054,北京市西城区右安门西街 8 号)
网　　址: http://www.tdpress.com
印　　刷: 北京九州迅驰传媒文化有限公司
版　　次: 2022 年 10 月第 1 版　2022 年 10 月第 1 次印刷
开　　本: 787 mm×1 092 mm 1/16　**印张:** 12.5　**字数:** 207 千
书　　号: ISBN 978-7-113-29813-5
定　　价: 88.00 元

前言

《中国铁路经济运行发展报告(2021)》(以下简称《报告》)由国家铁路局规划与标准研究院运输经济研究所编写。《报告》融数据文献的资料性与分析研究的学术性于一体,基本出发点是使相关机构和个人了解、掌握全国铁路经济运行发展年度基本情况。《报告》结合行业特征,明确了本报告的主要内容、基本框架,重点体现了研究范围的综合性、资料内容的全面性和报告内容的观点性等特点。

铁路作为国民经济大动脉和大众化交通工具,是国家关键基础设施和重要民生工程,基础性、先导性、战略性、服务性作用明显。党的十八大以来,铁路行业在习近平新时代中国特色社会主义思想指引下,全力推动高质量发展,在各个方面都取得了重大进展,特别是中国高铁,实现了从探索到突破、从制造到创造、从追赶到领跑的重大跨越。2021年是党和国家历史上具有里程碑意义的一年,这一年,中国共产党迎来百年华诞,第一个百年奋斗目标成为现实,向第二个百年奋斗目标进军的新征程开启。铁路行业勇毅前行、迎难而上,有力有效应对疫情及市场变化带来的多重考验,为保障国民经济平稳运行作出突出贡献,实现"十四五"良好开局。

《报告》分为铁路经济运行情况概述、铁路旅客运输市场分析、铁路货物运输市场分析、铁路建设及装备状况分析、铁路企业经营状况分析、形势分析及发展设想、附录等内容。从国际发展形势、国内宏观环境和铁路行业自身发展出发，以铁路产业经济视角，从年度全国铁路经济运行状况、存在问题、机遇挑战等方面进行梳理分析，较完整地梳理了2021年铁路经济运行状况，并结合行业格局和发展趋势，进一步提出2022年铁路经济运行提质增效的举措建议，可为各级政府部门、研究机构和交通企业提供重要参考，也是社会各界了解中国铁路行业经济运行状况的参考读物。各项统计数据未包括香港特别行政区、澳门特别行政区和台湾省。囿于时间、资料收集渠道有限，文中数据如有出入，以相关单位官方公布数据为准。

《报告》编写组分工如下：主编谢晓东、王健飞；第一章，汪洋、李芳；第二章，汪洋、张建平、李芳；第三章，汪洋、张建平、毛钰颖；第四章，许维高；第五章及附录，苏博文；第六章，刘建军；统稿，李芳、许维高、白金宇、郝佳婧。鉴于编写人员水平有一定的局限性，缺陷与错误在所难免，敬请广大读者批评指正，我们将在今后工作中不断改进和完善，使《报告》越编越好。

《报告》参阅大量国内著作、学术论文和相关文献等资料，在此谨向相关作者表示由衷谢意，并向所有支持和帮助研究工作的领导、专家和同仁致以诚挚敬意。

目录

第一章　2021 年铁路经济运行情况概述

2021 年，是党和国家历史上具有里程碑意义的一年。这一年，中国共产党迎来百年华诞，第一个百年奋斗目标成为现实，向第二个百年奋斗目标进军的新征程开启。纵观 2021 年整体经济发展形势，百年未有之大变局加速演进，世界进入动荡变革期，“黑天鹅”和“灰犀牛”事件增多，国际环境更趋复杂严峻，但机遇和挑战并存。在以习近平同志为核心的党中央坚强领导下，我国经济发展和疫情防控双双保持全球领先地位，国民经济总体运行在合理区间，“十四五”实现了良好开局。铁路行业坚决贯彻落实习近平总书记重要指示批示精神和党中央决策部署，在助力经济社会高质量发展、保障和改善民生、提升人民群众获得感与幸福感方面发挥了新的更大作用。

第一节　国际发展形势

2021 年，受新冠肺炎疫情全球大流行和世界百年未有之大变局叠加影响，南北差距“发展鸿沟”不断加大，国际形势处于历史性的变革调整期。在这一背景下，和平与发展仍是时代主题，世界多极化、经济全球化、社会信息化、文化多样化仍在持续发展，各国相互联系和依存日益加深，国际力量对比日趋平衡，和平发展大势不可逆转。与此同时，在疫情等多种因素的共同催化下，国际力量格局加速变迁发展，经济全球化遭遇逆流，人类社会处在一个挑战层出不穷、风险日益增多的时代。

一、世界各国差异化复苏①

尽管世界经济 2021 年复苏势头强劲，但国家间不平衡复苏的特征也更加突出。以美国为代表的发达国家疫苗接种速度较快，经济复苏在发达经济体中一马当先。但部分发展中国家普遍面临疫苗短缺、财政收支压力较大以及宏观经济政策空间有限等问题，经济复苏道阻且长。各国的差异化复苏导致了本已开始缩小的发达经济体和新兴经济体之间的差距再次拉大。人类发展指数 30 年来首次下降，世界新增 1 亿多贫困人口，近 8 亿人生活在饥饿之中，粮食安全、教育、就业、医药卫生等民生领域面临更多困难。全球低通胀环境发生明显变化，复合型通胀风险正在显现。

中国在保持国内大循环产业链、供应链稳定的同时，积极推动技术和商业模式创新，不断拓展新的海外市场，保持了经济的持续稳定增长。

二、产业链条修复仍需时日

全球产业链供应链紊乱、大宗商品价格持续上涨、能源供应紧张等风险相互交织，加剧了经济复苏进程的不确定性。新冠疫情让产业链脆弱性进一步暴露，促使各国从 2021 年开始着手加快修复。日本政府在 2021 年的《通商白皮书》中提到，供应链断裂是地缘政治变化、新冠肺炎疫情暴发等造成的，且受到结构性因素影响，无法靠恢复原状就能克服，必须对供应链进行重新布局。

---

①主要内容源自《国际形势和中国外交蓝皮书（2021/2022）》（中国国际问题研究院，2022）。

2021 年 5 月，欧盟更新了其产业战略，提出要加强单一市场弹性，并在原材料、半导体和电池等 6 个战略领域减少对外依赖，提升产业的“开放战略自主能力”。但是全球产业链供应链的形成和发展，是市场规律和企业选择在较长时期相互作用的结果，要想迅速修复非常困难。

三、新冠疫情依然影响巨大

2021 年，全球新冠肺炎疫情仍在蔓延。同时，疫情带来的经济、政治、社会和国际安全影响进一步显现。疫情防控情况的差异导致各国经济发展的不平衡性更加突出，全球经济复苏面临严峻压力。疫情导致的供应链断裂，使得各国更加重视自身供应链的稳定，将供应链进一步向国内和地区收缩，客观上加剧了全球范围内的“逆全球化”趋势。同时，西方政治体制、社会价值同抗疫的客观需求之间存在难以调和的结构性矛盾，累及全球抗疫大局，进一步损害了全球抗疫合作和国际互信。

四、数字经济成为未来发展重点[①]

2021 年，全球经济发展主动权的竞争焦点持续向数字经济集中。数字经济以数据为核心驱动，是继农业经济和工业经济之后的主要经济形态，相较于传统经济，其发展质量、发展效率和发展动力均具有显著的优越性。领先国家和地区纷纷实施前瞻性战略，加强对数字技术和产业的优先布局，推进数字化应用，强化数据安全流通治理，抢抓数字经济发展机遇。美国推动实施《美国数字经济议程》《2021 年创新和竞争法案》等，聚力人工智能、量子计算、先进制造、5G 等关键数字技术领域发展。欧盟出台《塑造欧盟数字未来》《欧洲数据战略》《欧洲数字主权》《2030 数字罗盘》等政策文件，谋划欧盟数字经济领域领先优势。日本提出“互联工业”“社会 5.0”“数字新政”等战略，争取半导体材料、关键元器件领域全球领先地位，谋求以数字经济拉动经济增长和社会变革。亚洲在全球数字服务贸易中的份额从 2005 年的 16.6%一路攀升至 2021 年的 25.5%。在亚洲内部，接近一半的数字服务贸易出口集中在东亚（46.7%），其次为东南亚（22.4%）、南亚（20.1%）和西亚（10.7%）。我国“十四五”时期数字经济转向高质量发展、步入健康发展新阶段，要素链、产业

---

①主要内容源自《〈“十四五”数字经济发展规划〉解读——发挥数字经济特征优势　推动数字经济健康发展》（国家发展和改革委员会，2022 发布）。

链、价值链、制度链在相互作用中走向深度耦合。

第二节　国内宏观形势[①]

2021 年，我国牢牢把握“稳中求进”工作总基调，在“六稳”工作基础上，明确提出“六保”任务，特别是保就业保民生保市场主体，以保促稳、稳中求进；我国经济保持稳中向好基本态势，经济发展增速维持在中高速增长水平。构建以国内大循环为主体、国内国际双循环相互促进的新发展格局；把实施扩大内需战略同深化供给侧结构性改革有机结合起来，以创新驱动、高质量供给引领和创造新需求，为我国加快发展现代产业体系、推动经济体系优化升级提供更加强大、更加可靠的内需保障；坚定不移推进改革开放，发展活力和内生动力进一步增强；大力促进科技创新，产业转型升级步伐加快；推进新型城镇化和乡村振兴，城乡区域发展格局不断优化；沉着应对百年变局和世纪疫情，构建新发展格局迈出新步伐，高质量发展取得新成效，实现了“十四五”良好开局。

一、经济总量持续增长

2021 年，我国采取强有力的疫情防控举措，有效化解疫情不利影响，主要目标任务较好完成。2021 年，我国国内生产总值比上年增长 8.1%，经济增速在全球主要经济体中名列前茅；经济总量达 114.4 万亿元，突破 110 万亿元，按年平均汇率折算，达 17.7 万亿美元，稳居世界第二，占全球经济的比重超过 18%，我国经济增长对世界经济增长的贡献率达到 25%左右。其中，第一产业增加值 83 086 亿元，比上年增长 7.1%；第二产业增加值 450 904 亿元，增长 8.2%；第三产业增加值 609 680 亿元，增长 8.2%。第一产业增加值占国内生产总值比重为 7.3%，第二产业增加值比重为 39.4%，第三产业增加值比重为 53.3%。全员劳动生产率为 146 380 元/人，比上年提高 8.7%。人均 GDP 达 80 976 元，按年平均汇率折算，达 12 551 美元，突破了 1.2 万美元，超过全球人均 GDP 水平，虽然尚未达到高收入国家人均水平的下限，但逐年接近。外汇储备余额 32 502 亿美元，稳居世界第一。

①《中华人民共和国 2021 年国民经济和社会发展统计公报》（国家统计局 2022 年发布）。

二、“三驾马车”拉动作用明显

2021 年，我国加快构建以国内大循环为主体、国内国际双循环相互促进的新发展格局，“三驾马车”动力依旧强劲。一是全年全社会固定资产投资 552 884 亿元，比上年增长 4.9%。固定资产投资（不含农户）544 547 亿元，增长 4.9%。在固定资产投资（不含农户）中，分区域看，东部地区投资增长 6.4%，中部地区投资增长 10.2%，西部地区投资增长 3.9%，东北地区投资增长 5.7%。在固定资产投资（不含农户）中，第一产业投资 14 275 亿元，比上年增长 9.1%；第二产业投资 167 395 亿元，增长 11.3%；第三产业投资 362 877 亿元，增长 2.1%。二是我国社会消费品零售总额超过 40 万亿元，比上年增长 12.5%；全年最终消费支出拉动国内生产总值增长 5.3 个百分点，资本形成总额拉动国内生产总值增长 1.1 个百分点。2021 年内需对经济增长的贡献率是 79.1%，比上年提高 4.4 个百分点，其中最终消费支出贡献率 65.4%，这凸显了国内市场的作用。三是我国货物进出口总额 39.1 万亿元，首次突破 6 万亿美元大关，增速创 2011 年以来新高。其中，出口 217 348 亿元，增长 21.2%；进口 173 661 亿元，增长 21.5%。货物进出口顺差 43 687 亿元，比上年增加 7 344 亿元。实际使用外商直接投资金额 1 735 亿美元，增长 20.2%，对外非金融类直接投资额 1 136 亿美元，增长 3.2%。全年服务进出口总额 52 983 亿元，比上年增长 16.1%。其中，服务出口 25 435 亿元，增长 31.4%；服务进口 27 548 亿元，增长 4.8%。服务进出口逆差 2 113 亿元。年末，外汇储备余额 32 502 亿美元。货物贸易额、外汇储备余额位居世界第一，服务贸易、消费市场规模位居世界第二。

三、创新发展成效显著

我国创新驱动发展战略深入实施，科技促发展作用日益增强。我国全球创新指数国家创新能力综合排名上升至世界第十二位，排名十年上升了 22 位，是世界各国中唯一持续快速上升的国家。全年研究与试验发展（R&D）经费支出 27 864 亿元，比上年增长 14.2%，延续了“十三五”以来两位数以上的增长态势（图 1-1）。研发经费支出与 GDP 之比达到 2.44%，比上年提高 0.03 个百分点。其中，基础研究经费 1 696 亿元，比上年增长 15.6%，占研发经费支出的比重为 6.09%，比上年提高了 0.08 个百分点。高技术产业投资比上年增长 17.1%，两年平均增长 13.8%，比全部投资快 9.9 个百分点。2021 年底，我国发明专利有效量359.7万件，每万人口高价值发明专利拥有量达到7.5件，比上年提高1.2件。国家战略科技力量加快壮大，天问一号探测器成功着陆火星，神舟十二号、神舟十三号载人航天任务相继完成，国家实验室投入运行。

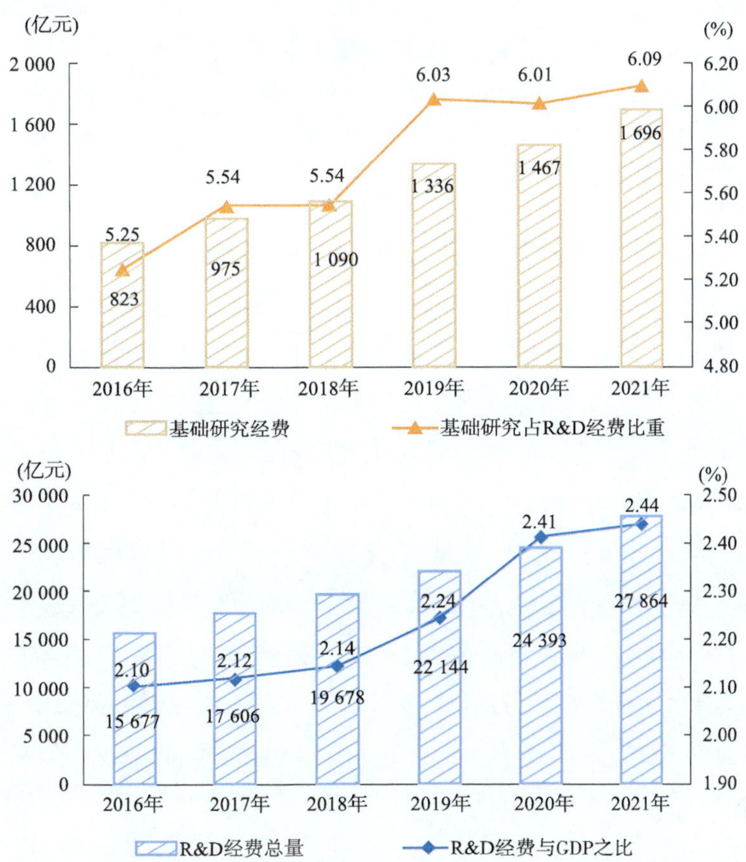

图1-1 2016年—2021年全国基础研究经费及占R&D经费比重情况

四、绿色发展稳步推进

2021年，我国扎实推进经济结构调整，不断构筑发展新优势。在全面提速做“加法”——数字经济成为优化经济结构的新动力基础上，坚决压实做“减法”——压减落后产能、化解过剩产能不打折扣，加强传统能源与新能源之间的战略性协同及策略性融合，坚定不移走绿色发展之路。一是能源生产稳步增长。2021年能源消费总量52.4亿吨标准煤，比上年增长5.2%。煤炭消费量增长4.6%，原油消费量增长4.1%，天然气消费量增长12.5%，电力消费量增长10.3%。二是能源消费结构持续优化。煤炭消费量占能源消费总量的

56.0%，比上年下降 0.9 个百分点；天然气、水电、核电、风电、太阳能发电等清洁能源消费量占能源消费总量的 25.5%，上升 1.2 个百分点。三是能耗强度保持下降。2021 年单位 GDP 能耗比上年下降 2.7%，接近降低 3%左右的预期目标。规模以上工业单位增加值能耗下降 5.6%。重点耗能工业企业单位电石综合能耗下降 5.3%，每千瓦时火力发电标准煤耗下降 0.5%。全国万元国内生产总值二氧化碳排放下降 3.8%。

五、民生保障有力有效

2021 年，我国继续做好“六稳”“六保”工作，持续改善民生，不断增强人民群众的获得感幸福感安全感。一是就业总体稳定。2021 年，城镇新增就业 1 269 万人，达到了 1 100 万人以上的预期目标；全国城镇调查失业率平均为 5.1%，低于 5.5%左右的预期目标。二是消费价格温和上涨。2021 年居民消费价格比上年上涨 0.9%，低于 3%左右的预期目标。三是居民收入持续增长、收入差距不断缩小。2021 年，全国居民人均可支配收入比上年实际增长 8.1%，两年平均增长 5.1%，与经济增长基本同步，达到居民收入稳步增长的要求。反映消费结构的恩格尔系数下降，2021 年全国居民恩格尔系数为 29.8%，比上年降低了 0.4 个百分点。城乡居民收入差距缩小。城乡居民人均可支配收入比为 2.50，比上年缩小 0.06。四是社会领域投资持续增大。2021 年，社会领域投资比上年增长 10.7%，其中教育、卫生投资分别增长 11.7%、24.5%。

六、开放发展实现新突破

我国已与 145 个国家、32 个国际组织签署 200 多份共建“一带一路”合作文件。统筹推进境外项目疫情防控和生产建设，一批重大标志性项目取得积极进展，中老铁路建成通车，中巴、中蒙俄、中国—中南半岛等经济走廊以及雅万高铁、匈塞铁路等重点项目建设稳步推进，比雷埃夫斯港第二阶段股权顺利交割。扎实推进第三方市场合作。对“一带一路”沿线国家进出口总额 115 979 亿元，比上年增长 23.6%。其中，出口 65 924 亿元，增长 21.5%；进口 50 055 亿元，增长 26.4%。中欧班列安全稳定运行，全年开行 1.5 万列，运送货物 146 万标箱，分别增长 22%、29%，重箱率 98.1%，累计通达欧洲 23 个国家的 180 个城市。全年对外承包工程完成营业额 9 996 亿元，比上年下降 7.1%，折合 1 549 亿美元，下降 0.6%。其中，对“一带一路”沿线国家完成营业额 897 亿美元，下降 1.6%，占对外承包工程完成营业额比重为 57.9%。对外劳务合作派出各类劳务人员 32 万人。我国已累计向国际社会提供了约 3 720 亿只口罩，超过 42 亿件防护服，84 亿人份检测试剂，向 120 多个国家和国际组织提供了超过 20 亿剂新冠肺炎疫苗，成为对外提供疫苗最多的国家。

在看到发展成绩的同时，我们应当清醒地认识到，我国目前仍处于中等偏上收入国家行列，人均 GDP 尚未达到高收入国家下限标准，与发达国家相比还有较大差距。我国仍是世界上最大的发展中国家，处于并将长期处于社会主义初级阶段的基本国情没有改变，发展不平衡不充分问题仍然突出。同时，国际形势复杂严峻，国内经济发展面临需求收缩、供给冲击、预期转弱三重压力，加之疫情的影响仍在持续，经济下行压力加大会对就业产生一定的影响。例如：

1. 仍需扩大有效投资。我国仍是世界上最大的发展中国家，人均 GDP 不到美国的 1/5、日本的 1/3，人均基础设施资本存量只有发达国家的 20%～30%。

2. 仍需加强补短板投资。我国发展不平衡不充分问题仍较突出，城乡区域发展差距仍然较大，基础设施和民生领域仍有许多薄弱环节，农民人均公共设施投入仅为城镇居民的 1/5 左右。

3. 制造业处于分工和专业化下游，产业升级面临瓶颈制约。作为拥有全球最完整工业体系和产业链的最大制造业国，我国实际上不少产品还是以代加工为主，高附加值产品占比较低，并且生产相关产品的核心部件严重依赖进口。2021 年国际局势发生剧烈动荡导致进口受限，对我国最终的成品造成较大影响。同时我国的工业增加值率为 30%左右，不仅低于发达国家 35%的平均水平，相较于美德日等一流制造业强国更是存在 15 个百分点左右的差距。

4. 就业形势仍不容乐观。部分行业和企业的生产经营受到宏观环境影响或冲击，用工需求出现波动，“招工难”“求职难”等一些就业领域长期存在的结构性矛盾尚未得到根本缓解。

5.“人口红利”逐渐消退。随着经济的进一步发展、老龄化程度的不断加深，中国人力资源丰富而又廉价的优势正在逐步消退。我国劳动年龄人口（15 岁～64 岁）占总人口比重从 2010 年的最高 73%以上逐年下降至 2021 年的 70%以下。

6. 共同富裕仍需持续跟进。虽然城乡之间、区域之间、不同群体之间收入分配差距较去年有所缩小，但总体差距还是存在的，需要坚持就业优先政策和促进增收措施。

第三节　交通行业态势

2021年，交通行业坚持稳中求进工作总基调，完整、准确、全面贯彻新发展理念，服务加快构建新发展格局，不断完善综合立体交通网络，持续提升综合运输服务水平，做好巩固拓展交通脱贫攻坚成果同乡村振兴有效衔接工作，积极推进绿色交通发展，持续提升安全应急保障水平，进一步深化对外开放合作，加快建设交通强国，努力当好中国现代化的开路先锋，实现了“十四五”良好开局，为做好“六稳”“六保”工作提供了重要的交通运输支撑。

一、综合立体交通网络加快完善

深入贯彻落实党中央、国务院印发的《国家综合立体交通网规划纲要》，着眼交通运输领域发展不平衡不充分的问题，对照人民对交通发展要求，不断提高交通服务质量、补齐交通发展短板。一是交通基础设施网络建设稳步推进，全年完成交通固定资产投资36 220亿元，其中铁路7 489亿元、公路水路27 508亿元、民航1 222亿元。全年新改(扩)建高速公路超过9 000 km、全国铁路营业里程新增4 208 km，其中高铁营业里程新增2 168 km。新增及改善高等级航道约1 000 km、新颁证民用运输机场7个，新增城市轨道交通运营里程超过1 000 km。二是重大工程建设加快推进，引江济淮航运工程、连云港30万t级航道二期工程等重大项目建设有序推进，京哈高铁、京新高速公路全线贯通，西藏首条电气化铁路开通运营。

二、综合运输服务水平持续提升

交通行业不断满足不同层次人民群众交通需求，提高交通运输服务品质和效率。一是运输服务保障能力进一步加强。全年完成营业性客运量83.03亿人，比上年下降14.1%。其中铁路、水路、民航客运量同比分别增长18.5%、9.0%和5.5%，公路客运量同比下降26.2%；全国36个中心城市公共交通客运量529.5亿人，同比增长19.9%。全年完成货运量521.60亿t，同比增长12.3%，其中铁路、公路、水路、民航货运量同比分别增长4.9%、14.2%、8.2%和8.2%；全年完成港口货物吞吐量155.45亿t，同比增长6.8%；快递业务量1 083.0亿件，同比增长29.9%。二是出行服务品质有效提升，道路客运电子客票服务覆盖超过1 600个二级以上汽车客运站，318个地级以上城市实现交通一卡通互联互通；深化国家公交都市建设，已命名的示范城市累计达33个；全国12328热线集中整改任务全面完成；102个城市开通95128电话叫车服务，网约车“一键叫车”功能为老年乘客提供打车服务。

三、运输结构优化调整深入推进

交通行业深化多式联运和运输结构调整，持续开展国家公交都市、绿色出行和城市绿色货运配送示范工程。一是加快新能源和清洁能源运输装备应用，铁路电气化率73.3%，绿色货运配送示范城市累计新增城市物流配送新能源车8.6万余辆，新能源城市公交车比例超过66%，推进109个城市开展绿色出行创建行动。建设16个“绿色货运配送示范城市”，加快推广应用标准化物流周转箱，推进快递物流包装绿色转型。二是深入打好污染防治攻坚战，完成京津冀及周边地区、汾渭平原国三及以下排放标准营运柴油货车淘汰任务；联合多部门建立健全长江经济带船舶和港口污染防治长效机制，船舶水污染物联合监管与服务信息系统已覆盖长江经济带内河码头，基本覆盖到港中国籍营运船舶。

四、巩固拓展交通脱贫攻坚成果

交通运输作为经济社会发展的基础性、先导性、战略性产业和服务性行业，以建设人民满意交通为切入点，推动实现共同富裕。全年完成脱贫地区公路投资超过8 000亿元，推动交通建设项目更多向进村入户倾斜。推动“四好农村路”高质量发展。全年新改建农村公路超过16万km。持续开行“慢火车”。完善农村寄递物流网络体系，持续推进“快递进村”工程。进一步提高脱贫地区航空运输通达性、便捷性。畅通脱贫地区水运通道，推动百色水利枢纽通航设施工程开工建设。深入推进农村客货邮融合发展，建成1 300余个融合站点、900余条合作线路。

五、全力保障国内国际运输畅通

交通行业国内国际物流供应链保障能力进一步提升，为促进国内国际双循环提供可靠运力支撑。一是全力保障国内物流供应链稳定畅通。加强统筹指挥调度，充分挖掘集疏运潜力，有效加强供需对接，全力做好粮食、煤炭、天然气等关系国计民生的重要物资运输保障，为加强我国初级产品供给安全、服务国民经济健康平稳运行履职尽责。二是全力保障国际物流供应链安全畅通。有效保障国际海运运力、集装箱供给以及粮食接卸疏运，稳步提升国际道路运输便利化水平，持续开通国际货运航班“绿色通道”。推动中欧班列开行超 1.5 万列，同比增长 22.0%；开行国际货运航班超过 7.4 万班，同比超过 25%，完成国际航线货邮运输量 266.70 万 t、全年国际/港澳台快递业务量完成 21.0 亿件，同比分别增长 19.6%、14.6%；完成国际道路运输与上年同期基本持平。

第四节　铁路行业形势

2021 年，全球铁路发展变革持续深化，科技创新取得长足进步。我国铁路紧密对接党和国家重大战略，突出补短板、强弱项、重配套，坚持尽力而为、量力而行，优化完善铁路网布局，全面提升铁路科技创新能力和技术装备水平，大力发展铁路运输生产力，切实增强铁路服务保障能力。

一、全球铁路发展保持上升态势

从全球轨道交通行业来看，轨道交通行业变革持续深化，全球行业巨头正在深度整合，行业竞争格局不断变化，竞争态势不断加剧。新兴国家和地区城市轨道交通建设方兴未艾，而发达国家的轨道交通系统也在不断地进行更新改造和技术升级。

(一)世界高速铁路发展情况

1. 全球高速铁路仍主要集中于亚欧地区

按照国际铁路联盟(UIC)对高速铁路的定义：设计速度 250 km/h 及以上的新线和既有线改造升级商业运行速度 200 km/h 及以上的线路，包括岔线和联络线。截至 2021 年末，世界高速铁路营业里程为 5.83 万 km，其中，商业运行速度 300 km/h 及以上里程 2.42 万 km，250 km/h 及以上至 300 km/h 以下里程 2.06 万 km，250 km/h 以下里程 1.35 万 km。

目前，高速铁路涉及 22 个国家或地区，其中：中国高速铁路营业里程 4.01 万 km，占世界高速铁路营业里程的 68.76%。

从高速铁路分布看，亚洲拥有高速铁路营业里程 4.56 万 km，占世界高速铁路营业里程的 78.16%，欧洲拥有高速铁路营业里程 1.18 万 km，占世界高速铁路营业里程的 20.26%，美洲和非洲分别拥有高速铁路里程为 0.07 万 km 和 0.02 万 km，分别占世界高速铁路营业里程的 1.26%和 0.32%，世界高铁分布如图 1-2 所示。

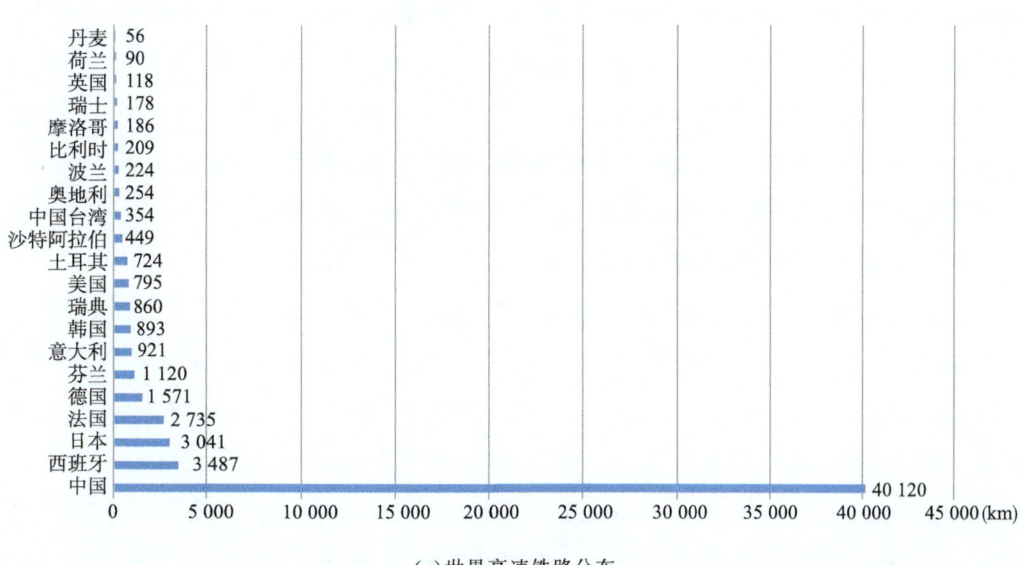

(a) 世界高速铁路分布

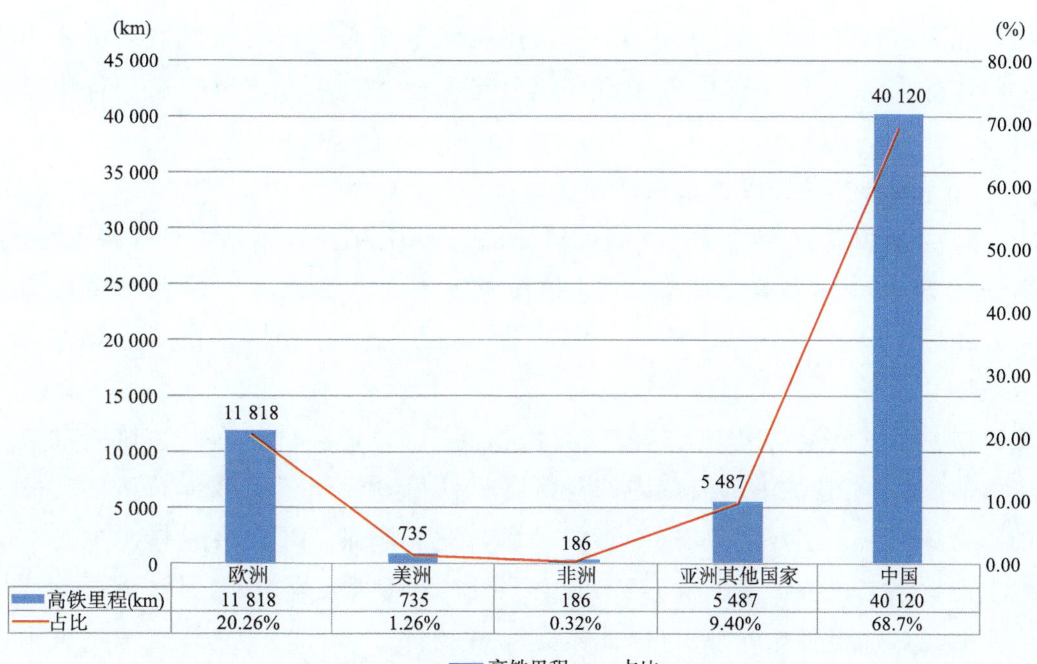

	欧洲	美洲	非洲	亚洲其他国家	中国
高铁里程(km)	11 818	735	186	5 487	40 120
占比	20.26%	1.26%	0.32%	9.40%	68.7%

(b) 世界高速铁路按洲际分布

图 1-2　世界高速铁路分布情况

2. 全球多数国家加大高铁投资建设力度

从全球高铁建设投资情况来看，近几年西班牙高铁累计投资金额处于较高水平，2020 年欧洲投资银行拨款 8.9 亿欧元用于西班牙高铁建设。在 2021 年 3 月 31 日拜登政府提出的 2.3 万亿美元《美国就业计划》中，有 800 亿美元专门用来对美国铁路系统进行维修和现代化改造，年均投资 100 亿美元。这是美国数十年来最大的铁路投资计划。除此以外，德国通过政府与国内铁路公司合作的方式对基础设施建设进行规划投资，计划到 2030 年在该领域投资 860 亿欧元，平均每年投资 86 亿欧元。

（二）世界主要国家铁路经营管理

为提高铁路运输服务质量和经营效益，进一步增强市场竞争力，西班牙推出了廉价高铁品牌 Avlo、德国铁路股份公司与汉莎航空合作推出高铁服务，德国新采用了更短的翻新 ICE 1 型列车，日本公布了新干线提速计划等。为推进高速铁路相关领域更好发展，境外主要国家政府部门采取了多项举措，土耳其政府指定包括高铁在内的 61 条线路为公共产品并提供政府支持，英国政府推出新的铁路特许经营协议。多国铁路公司采取了一系列便民利民举措，以确保疫情期间铁路客运的正常运营，并推动铁路客运售票系统和票制改革；高铁相关装备产业格局也发生了变动，法国阿尔斯通完成对庞巴迪运输公司的收购，成为仅次于中国中车股份有限公司的全球第二大轨道交通装备制造集团。

（三）世界主要国家铁路技术创新

1. 运载设备方面。一是欧洲最新一代 Night Jet 夜行卧铺列车即将下线。新一代 Night Jet 共有 7 节载客车厢，其中 2 节为坐席车，3 节为座卧转换车（couchette cars），2 节为卧铺车。列车的内饰经过全新设计，提高了美观度和舒适度。同时，卧铺车的每个包间均有独立卫浴提供，大大提升了乘客的舒适度。二是德铁货运英国公司试验氢化植物油 HVO 燃料的机车。该试验机车牵引 2 500 t 钢卷从塔尔伯特港的马格姆钢铁厂到西米德兰兹郡布瑞尔利山的圆橡树码头。这是第一次 60 型机车以氢化植物油 HVO 为燃料在主要干线上运营。氢化植物油燃料 HVO 是一种 100％可再生燃料，通过植物油或动物脂肪经过加氢脱氧处理而得，其燃烧可减少 90％以上的二氧化碳和氮氧化物的排放。三是英国 GWR 大西铁路将试验装配日立电池的混合动力城际列车。大西铁路用的日立造 AT300 型双源列车，在 5 车一组列车中安装 3 组 700 kW 内燃机，在 9 车一组列车中安装 5 组 700 kW 内燃机，随着电池技术尤其是电池功率输出和电池充电技术的提高，内燃机将逐步被电池替代。四是瑞士 Stadler 公司测试 FLIRT Akku 型电池动力列车极限续航里程。FLIRT

Akku型电池动力列车即使在高耗能条件下，如2019年夏季，在空调全功率运行的情况下，在室外40 ℃的热浪中以及在2021年冬季出现负两位数温度的情况下，FLIRT Akku列车续航里程可以达到185 km。

2. 联运组织方面。一是德国勒尔特货运换装站Mega Hub开始启用。2021年6月23日，德国位于勒尔特(Lehrte)的一个超级货运换装站Mega Hub开始启用。换装站内，列车和货运卡车由中央计算机控制进入站内，并进行装卸，装卸速度以“创纪录的速度”进行，整列车的装卸过程仅花费几分钟时间，在3 h装卸天窗时间内完全可以完成整列装卸，换装过程比传统的编组场货运列车编组成列节省时间。二是法国加来的CargoBeamer驮背运输换装站开始启用。2021年7月10日法国加来市与德国CargoBeamer公司的公铁换装站正式启用运营，这个公铁换装站主要实施公路半挂车与铁路运输之间的转运换装，实现公路半挂车铁路驮背运输的换装时不需要改造或加固站场起吊设备，铁路货车、换装设施以及物流软件CargoBeamer驮背运输系统用于运输公路标准半挂车、Mega半挂车、Silo半挂车、油罐挂车和冷藏挂车，可实现规格不一的半挂车在20 min内同时移上或移下车辆，有着快速装卸的联运优势。

3. 列车控制方面。一是法国完成货运列车自动驾驶第一次试运行。2021年年初，法国国铁集团SNCF宣布一列半自动驾驶列车在法国东部16 km的正线上首次线路试运行成功。该列车由一辆改造的四轴BB27000 Prima机车牵引，在自动驾驶等级GOA2级(有人值守的半自动驾驶)下进行了线路试运行，机车可实现自动加速和自动制动，线路配置了欧洲铁路交通管理系统ERTMS。二是俄罗斯国家铁路局正策划5列车虚拟编组技术的应用。俄罗斯国家铁路局正策划2022年运用虚拟编组技术来运营5列车，该虚拟编组技术使用无线电实现机车间的通信，从而将5列车虚拟成一个大列，列车间产生虚拟车钩，目的是实现列车行车间隔时间由12 min缩短到6 min至8 min。该虚拟编组系统会持续监控列车的运营模式、速度、位置、长度和总重，可通过车车通信实现距离2 km的一对列车完全协同移动，较大缩短了间隔距离，俄罗斯目前常规的列车间隔距离是4 km至5 km。

4. 研发理念方面。瑞士铁路货车组织“5L”技术的设计研发。瑞士施行“以环保为导向、重视铁路货运”的国家交通运输政策，瑞士联邦铁路货运公司近年来制定了现代、灵活和数字网络化的货车“5L”目标，即实现铁路货车设计的五个关键目标：低噪声(Low noise)、轻量化(Light weight)、长使用寿命

(Long lifespan)、适应物流运输(Logistics-capable)以及面向全生命周期成本(Life-cycle cost-oriented)。围绕“5L”目标，瑞士联邦铁路货运公司实施了一系列技术创新，研制适应现代物流需求的新型货车。

二、中国铁路行业继续砥砺前行

铁路行业深入落实党中央重大决策部署，着眼“两个一百年”奋斗目标，立足新发展阶段、贯彻新发展理念、构建新发展格局，以推动高质量发展为主题，以深化供给侧结构性改革为主线，以改革创新为根本动力，以满足人民日益增长的美好生活需要为根本目的，勇担服务国家战略主力军，大力弘扬“开路先锋”精神，积极推动基础设施补短板，深度融入京津冀、长三角、粤港澳大湾区、成渝双城经济圈等建设，主动服务“一带一路”、交通强国和乡村振兴等国家政策落地。

(一)基础设施建设取得新突破

2021 年，全国铁路固定资产完成 7 489 亿元，其中国家铁路完成 6 616 亿元，全面完成 2021 年铁路建设任务目标。截至 2021 年底，全国铁路营业里程达到 15 万 km，其中高速铁路营业里程达到 4 万 km，普速铁路营业里程达到 10.8 万 km，城际铁路规模达到 3 100 km。全国铁路投产新线 4 208 km，其中高铁 2 168 km。全国铁路在建新线规模 1.85 万 km，在建高速铁路 1.3 万 km，在建城际铁路约 3 600 km。全国铁路路网密度达到 156.7 km/万 km^2。全国铁路网对 20 万人口以上城市覆盖率达到 99%，高速铁路对 50 万人口以上城市覆盖率达到 93%。

(二)运输服务品质得到新提升

2021 年，全国铁路完成旅客发送量 26.1 亿人次，同比增长 18.5%，恢复至 2019 年同期的 71.4%；全国铁路完成客运周转量 9 567.8 亿人公里，同比增长 15.7%，恢复至 2019 年同期的 65.1%。特别是在交通行业普遍受到严重冲击的情况下，铁路客运市场份额不降反增，2021 年全国铁路旅客发送量约占全社会总量的 31.5%，同比提高 8.7 个百分点；全国铁路旅客周转量约占全社会总量的 48.4%，同比提高 5.5 个百分点。2021 年，铁路完成货物发送量 47.7 亿 t，同比增长 4.9%，占全社会货物发送量的 9.06%，完成货运周转量 33 238 亿吨公里，同比增长 8.9%，占全社会货物周转量的 15.22%。2021 年，在进口矿石大幅下滑的不利情况下，疏港矿石铁路运输比重达到 50.7%，同比提高 8.1 个百分点；铁路通过敞顶箱完成大宗货物运量 3.5 亿 t，同比增长34.8%，占货运总增量的60%。特别是第四季度，国家铁路电煤日均装车60 002车，同比增长25.5%，电煤装车12次刷新历史纪录，有力保证了国家经济平稳运行和全国人民温暖过冬。

（三）经营管理取得新成效

中国国家铁路集团有限公司客运收入3 021亿元，同比增长21.7%；货运收入4 359亿元，同比增长8.4%。成本支出、债务规模、资产负债率得到积极控制。国家铁路运输业劳动生产率达到44万元/人、同比提高13.7%，每换算公里用工继续保持下降态势。中国神华能源股份有限公司全年铁路营业收入406.99亿元，同比增长5.1%，自有铁路运输周转量为3 034亿吨公里，同比增长6.2%。全年铁矿、锰矿、化工品等非煤货物运量达18.7百万吨，反向运输货物量达16.3百万吨。

中国中铁股份有限公司全年实现营业总收入1.07万亿元，同比增长10.11%；净利润304.7亿元，同比增长11.82%。中国铁建股份有限公司全年实现营业收入1.02万亿元，同比增长12.05%；实现净利润293.15亿元，同比增长14.03%。中国交通建设股份有限公司实现营业收入6 856.39亿元，同比增长9.25%。

（四）绿色低碳发展取得新成绩

国家铁路单位运输工作量综合能耗为4.07吨标准煤/百万换算吨公里，化学需氧量排放量为1 611 t，二氧化硫排放量为2 000 t，好于预期目标。“碳达峰、碳中和”目标的提出也为轨道交通等绿色交通发展开辟了广阔的空间。中国神华能源股份有限公司持续深入开展污染防治攻坚，全面推进绿色矿山、绿色运输、绿色电力、绿色化工建设，公司环保投入达到23.45亿元，较上年增长11.7%。继续实施铁路装车站台封闭改造和筒仓建设，严格按照规定喷洒抑尘剂。新朔铁路开工建设隧道粉尘监控设备1 205个，朔黄铁路6个货场完成地面硬化和安装防尘网。

中国中铁股份有限公司2021年度万元营业收入综合能耗（可比价）0.044 1吨标煤/万元，比去年同期下降4.3%，二氧化碳排放0.156 3吨/万元，比去年同期下降13.6%。中国铁建股份有限公司能源消耗总量为589.24万吨标煤，企业万元营业收入综合能耗（可比价）0.063 1吨标煤，与2020年相比下降19.21%；二氧化碳排放量为932.76万t，二氧化碳密度为10.01吨/百万元营业收入；固体废弃物排放量为4 187.42万t，固体废弃物密度为44.85吨/百万元营业收入；消耗水资源总量为29 765.37万m^3，耗水密度为318.8吨/百万元营业收入。中国交通建设股份有限公司万元营业收入综合能耗 0.021 9 吨标煤，同比减少 8.37%。

（五）服务共同富裕取得新成效

铁路部门扎实推进老少边及脱贫地区铁路建设。全年完成投资 3 728.8 亿元、占铁路基建投资的 74.9%，又有 25 个县结束了不通铁路的历史。铁路部门强化涉农物资运输服务保障，2021 年共运送货物 7.2 亿 t、同比增长 3.8%，减免费用 14.8 亿元。常态化开好 81 对公益性“慢火车”，并持续提升公益性“慢火车”开行质量，在优化开行范围、提升服务质量、打造特色产品等方面精准发力、综合施策，为打赢脱贫攻坚战、助力乡村全面振兴注入源源不断的“铁动力”。全年运送旅客 1.7 亿人、同比增长 12.2%。

（六）科技创新取得新突破

构建具备完全自主知识产权的动车组产品谱系，时速 160 km 至 350 km“复兴号”动车组全面投入使用，“复兴号”高原内电双源动车组开进西藏、开到拉萨，历史性实现 31 个省区市全覆盖，“复兴号”高寒动车组、时速400 km 可变轨距跨国互联互通高速动车组、时速 350 km 货运动车组先后下线，“CR450科技创新工程”重大项目和重大课题全面启动。全球首列时速 140 km 中低速磁浮列车上线运营，第七代时速 200 km 磁浮列车完成调试，成功下线具有完全自主知识产权的时速 600 km 高速磁浮交通系统。我国首台拥有自主知识产权的商品化混合动力改造型机车下线交付，实现老旧机车的翻新改造，达到节能环保要求。2021 年 12 月，国家川藏铁路科技创新中心（成都）揭牌成立。泉州湾跨海大桥全桥贯通，福厦高铁湄洲湾跨海大桥合龙，深江铁路重要控制性工程、跨越狮子洋的珠江口隧道工程进展顺利，世界首条时速 350 km 海底隧道——汕汕铁路汕头湾海底隧道开始海底段主体施工。自主研发世界第一组时速 600 km 高速磁浮道岔。2021 年 6 月朔黄铁路搭载全球首创的重载移动闭塞技术的两万吨重载列车成功发车运行，标志着我国重载铁路技术取得重大突破。

（七）国际交流合作迈出新步伐

“中欧班列”扎实推进。2021 年全年开行中欧班列 1.5 万列、发送 146 万标箱，同比分别增长 22%、29%。其中，西、中、东通道全年分别开行 7 649 列、2 732 列、4 802 列，同比分别增长 24%、12%、26%。开行范围进一步扩大，截至 2021 年底，中欧班列通达欧洲 23 个国家 180 个城市。双向运输日趋均衡，2021 年，回程班列数量与去程班列的比值达 82%，综合重箱率达 98%。

境外铁路项目扎实推进。2021 年，多项境外铁路项目取得重大进展。中老铁路开通运营，同江中俄铁路大桥实现铺轨贯通，中缅铁路、中泰铁路、雅万高铁、匈塞铁路等境外项目务实推进。

装备制造成为“国家名片”。2021 年，中国铁路装备规模化整装出口已覆盖 6 大洲 109 个国家和地区，基本覆盖“一带一路”沿线国家。实现由亚非拉传统市场向西欧北美澳高端市场转变，全球超过 80%拥有铁路的国家都运行着中国中车股份有限公司的产品，占全球市场(含中国)的 30%左右。中国中车股份有限公司国际业务不断拓展。2021 年全年在中国大陆以外国家和地区营业收入 200.4 亿元，同比增长 17.41%，国际业务新签订单约 350 亿元，在手订单约 860 亿元。

标准国际化取得长足进步。中国铁路标准国际化取得积极成效，积极参与国际标准机构活动，中国在 IEC/TC9(国际电工委员会轨道交通电气设备与系统标准化技术委员会)的排名已上升至第 5 位，我国主持的首项 ISO 铁路国际标准《铁路基础设施钢轨焊接　第 1 部分：钢轨焊接的通用要求和试验方法》(ISO 23300-1:2021)，正式发布实施，标志着中国铁路标准国际化工作取得重大突破。截至 2021 年底，现行铁路标准外文译本共 318 项，包括英文译本 313 项、其他语种 5 项。

(八)轨道交通行业市场化取得新进展

国内轨道交通装备市场、干线铁路建设、铁路运营权全面放开，外资准入门槛进一步降低，各类轨道交通投资主体和运营主体日益多元化、经营意识不断增强，部分区域和一些企业加快布局轨道交通全产业链并逐步形成提供系统解决方案能力，轨道交通行业新业态竞争态势逐渐凸显。面对国家铁路网建设、城际和市域(郊)铁路建设、城市轨道交通建设等铁路基础设施和装备运用规模不断扩大，铁路智能运维系统逐步成为铁路运营维护的刚性需求。我国轨道交通装备在产业规模、品种系列和技术水平已处于全球前列。

三、国家政策为铁路高质量发展保驾护航

2021 年，国家相继出台了《国家综合立体交通网规划纲要》等一系列政策规范，这些政策措施的发布执行，为铁路规划建设、装备制造、运输服务等工作提出了要求、指明了方向，是铁路行业立足新发展阶段、贯彻新发展理念、构建新发展格局、推动高质量发展的有效保障。

2021 年 2 月，中共中央、国务院印发的《国家综合立体交通网规划纲要》

提出，到 2035 年，我国要基本建成便捷顺畅、经济高效、绿色集约、智能先进、安全可靠的现代化高质量国家综合立体交通网，实现国际国内互联互通、全国主要城市立体畅达、县级节点有效覆盖，有力支撑“全国 123 出行交通圈”（都市区 1 小时通勤、城市群 2 小时通达、全国主要城市 3 小时覆盖）和“全球 123 快货物流圈”（国内 1 天送达、周边国家 2 天送达、全球主要城市 3 天送达）。文件从构建完善的国家综合立体交通网、加快建设高效率国家综合立体交通网主骨架、建设多层级一体化国家综合交通枢纽系统、完善面向全球的运输网络四方面提出了优化国家综合立体交通布局的关键任务，勾勒了未来 15 年我国综合立体交通网的建设目标和实现路径。

2021 年 3 月，国务院办公厅转发的国家发展改革委等单位《关于进一步做好铁路规划建设工作的意见》指出，全面开放铁路建设运营市场，深化铁路投融资体制改革，分类分步推进铁路企业股份制改造和优质资产上市；妥善处理存量债务，严格控制新增债务。文件明确指出，国家级铁路发展规划包括铁路中长期规划和铁路五年发展规划。铁路中长期规划主要明确发展战略、网络骨架、通道功能等，确定基础设施空间布局，为铁路长远发展留出空间。铁路五年发展规划主要明确发展任务、项目安排、建设标准等，安排铁路规划建设阶段性工作。规划建设贯通省会及特大城市、近期双向客流密度 2 500 万人次/年以上、中长途客流比重在 70%以上的高铁主通道线路，可采用时速 350 km 标准。规划建设串联规模较大的地级以上城市、近期双向客流密度 2 000 万人次/年以上、路网功能较突出的高铁线路，可预留时速 350 km 条件。规划建设近期双向客流密度 1 500 万人次/年以上的高铁区域连接线，可采用时速 250 km 标准。通过多种渠道增加铁路建设资本金来源，确保中西部铁路项目权益性资本金比例原则上不低于 50%。

2021 年 9 月，国家发展和改革委员会会同商务部、交通运输部、海关总署和中国国家铁路集团有限公司制定印发的《“十四五”推进西部陆海新通道高质量建设实施方案》提出，要发挥铁路骨干作用，加快大能力主通道建设，尽快形成东中西通路合理分工、核心覆盖区和辐射延伸带密切沟通、与东南亚地区互联互通的西部陆海新通道陆路交通网络。文件提出，到 2025 年，基本建成经济、高效、便捷、绿色、安全的西部陆海新通道。东中西三条通路持续强化，通道、港口和物流枢纽运营更加高效，对沿线经济和产业发展带动作用明显。文件从加快推进主通道建设、强化重要枢纽功能、提高通道运输组织与物流效率、推动通道降低成本和优化服务、构建通道融合开放发展新局面等方面明确了通道建设主要任务。

2021年11月，国务院办公厅印发的《“十四五”冷链物流发展规划》提出，加快形成高效衔接的三级冷链物流节点，构建服务国内产销、国际进出口的两大冷链物流系统，建设设施集约、运输高效、服务优质、安全可靠的国内国际一体化冷链物流网络；建设北部、鲁陕藏、长江、南部等“四横”冷链物流大通道，以及西部、二广、京鄂闽、东部沿海等“四纵”冷链物流大通道，形成内外联通的“四横四纵”国家冷链物流骨干通道网络。文件对于聚焦制约冷链物流发展的突出瓶颈和痛点难点卡点，补齐基础设施短板，畅通通道运行网络，提升技术装备水平，健全监管保障机制，加快建立畅通高效、安全绿色、智慧便捷、保障有力的现代冷链物流体系有着重要意义。

2021年12月，国家铁路局出台的《“十四五”铁路科技创新规划》明确提出2025年铁路科技创新主要目标，并对2035年远景目标进行展望。文件提出“十四五”铁路科技创新从技术装备、工程建造、运输服务、智能铁路、安全保障、绿色低碳等6个方面重点任务。文件是我国铁路领域关于科技创新的首个五年发展规划，对促进铁路科技自立自强、推动铁路高质量发展，支撑建设科技强国、交通强国具有重要意义。

2021年12月，国务院办公厅印发的《推进多式联运发展优化调整运输结构工作方案（2021—2025年）》明确，到2025年，多式联运发展水平明显提升，基本形成大宗货物及集装箱中长距离运输以铁路和水路为主的发展格局，全国铁路和水路货运量比2020年分别增长10％和12％左右，集装箱铁水联运量年均增长15％以上。并明确提出提升多式联运承载能力和衔接水平、创新多式联运组织模式、促进重点区域运输结构调整、加快技术装备升级、营造统一开放市场环境、完善政策保障体系等六方面政策措施。文件对于推动水路、铁路等集疏运体系建设，提高水路、铁路等绿色低碳集疏运方式的比重有着重要指导意义。

第二章 2021年中国铁路旅客运输市场分析

2021年铁路旅客运输企业奋勇当先、迎难而上，认真践行以人民为中心的发展思想，自觉提高政治站位，积极推出符合客流特点的客运产品，打造铁路客运多层次服务体系；不断强化普惠服务，精准推动客运恢复增长；进一步扩大智能复兴号动车组覆盖范围，发挥品牌示范引领作用；有力有效应对疫情，确保了旅客平安健康出行，为不断满足人民群众美好出行需求作出新贡献。

第一节　旅客运输量及结构分析

2021 年，面对疫情影响下客流整体下滑、波动反复的不利形势，铁路旅客运输企业积极应对，持续完善运力安排快速反应机制，精准实施“一日一图”，不失时机研究采取增运补欠措施，推动客运加快恢复，着力打好客运主动仗、翻身仗。

一、客运量分析

（一）旅客运量年度变化情况

2021 年全国铁路旅客发送量累计完成 26.12 亿人，同比增长 18.5%，恢复至 2019 年的 71.4%。全国铁路旅客周转量累计完成 9 567.81 亿人公里，同比增长 15.7%，恢复至 2019 年的 65.1%。2016 年—2021 年全国铁路及国家铁路旅客发送量、周转量变化情况如图 2-1、图 2-2 所示。

图 2-1　2016 年—2021 年全国铁路及国家铁路旅客发送量

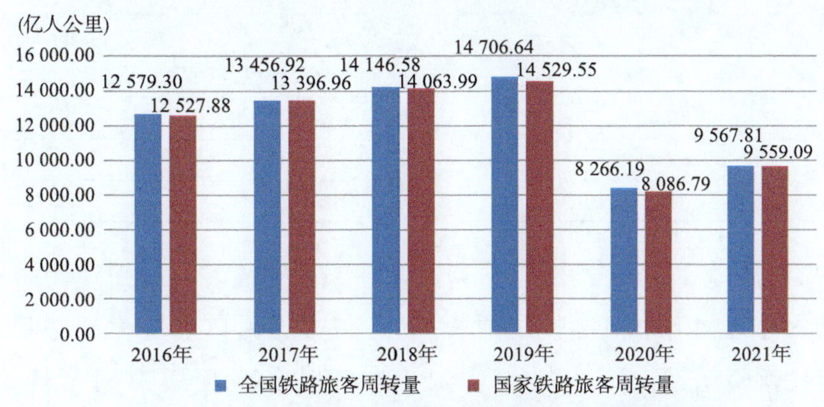

图 2-2　2016 年—2021 年全国铁路及国家铁路旅客周转量

2021 年动车组旅客发送量累计完成 19.22 亿人，同比增长 23.5%，恢复至 2019 年的 81.5%；动车组旅客发送量占全国旅客发送量的 73.6%，较上年增加 3.0 个百分点。其中，西藏、宁夏、山西、湖北、北京同比增长均超四成。2016 年—2021 年高铁旅客发送量及占比如图 2-3 所示。

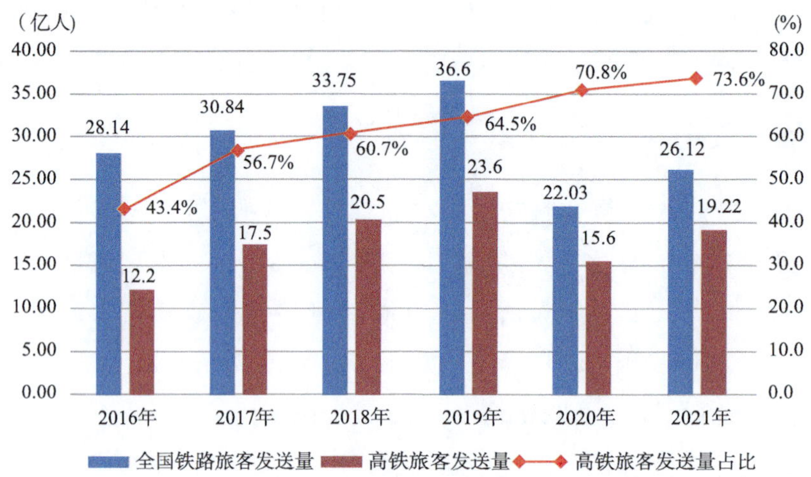

图 2-3　2016 年—2021 年高铁旅客发送量及占比

（二）全国人均乘铁路出行变化情况

“十三五”间城镇化率年均增长 1.63 个百分点，城市人口年均增加 2 725 万人；2021 年，我国城镇化率达到 64.72%，城市人口达到 91 425 万人，城镇化进程见表 2-1。

表 2-1　我国城镇化进程

年份	总人口数（万人）	城镇人口数（万人）	城镇化率（%）
2016	138 271	79 298	57.35
2017	139 008	81 347	58.52
2018	139 538	83 513	59.85
2019	140 005	84 843	60.60
2020	141 178	90 199	63.89
2021	141 260	91 425	64.72

一方面人口规模增加、城镇人口比重提高以及城市居民交通消费比重加大等推动旅客运输需求保持较快增长；另外一方面人口老龄化趋势将导致生产性出行比例降低，但观光、旅行、休闲等消费性旅行增多，并对出行的品质、舒适性等提出更高要求。从全国历年城镇化率与旅客运输量的实证计量经济

分析结果来看，城镇化率与旅客运输量之间存在显著的线性相关关系。我国城镇化率每提高一个百分点，正常年份旅客运输量增加 7 亿人次。2020 年、2021 年受国内疫情影响，旅客出行人数出现断崖式下滑。但 2021 年铁路人均乘车人数同比实现正增长，充分体现其作为大众交通工具，仍是广大旅客出行重要选择之一，如图 2-4 所示。

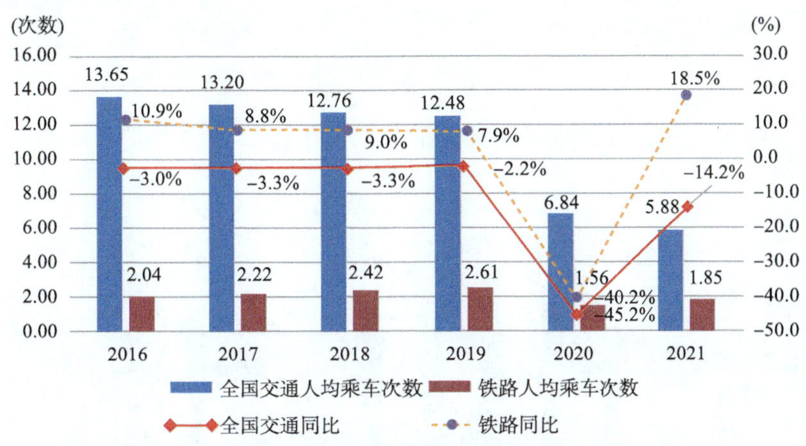

图 2-4　2016 年—2021 年全国交通及铁路人均乘车人数

(三)旅客运量季度变化情况

2021 年，铁路旅客运输企业坚决落实常态化疫情防控要求，精准调整运力安排，在确保运输安全稳定、秩序良好的基础上，有效满足人民出行需求。

一季度全国铁路旅客发送量完成 5.44 亿人，同比增长 41.9%，较 2019 年同期下降 36.2%；全国铁路旅客周转量完成 2 013.08 亿人公里，同比增长 16.9%，较 2019 年同期下降 45.4%。

上半年，全国铁路旅客发送量累计完成 13.65 亿人，同比增长 67.0%，恢复至 2019 年同期的 77.0%；旅客周转量累计完成 4 989.77 亿人公里，同比增长 51.7%，恢复至 2019 年同期的 69.3%。其中，二季度全国铁路旅客发送量完成 8.21 亿人，同比增长 89.1%，较一季度增长 51.0%，恢复至 2019 年同期的 89.2%；二季度旅客周转量完成 2 976.68 亿人公里，同比增长 90.0%，恢复至 2019 年同期的 84.7%。

前三季度，全国铁路旅客发送量累计完成 20.55 亿人，同比增长 36.2%，恢复至 2019 年同期的 73.2%。其中，暑运期间全国铁路发送旅客 4.62 亿人，同比增长 1.3%。全国铁路旅客周转量累计完成 7 693.36 亿人公里，同比增长 31.6%，恢复至 2019 年同期的 66.4%。其中，三季度全国铁路旅客发送量完成 6.9 亿人，恢复至 2019 年同期的 66.8%；三季度旅客周转量完成 2 703.59 亿人公里，恢复至 2019 年同期的 61.6%。

全年，全国铁路旅客发送量累计完成 26.12 亿人，同比增长 18.5%，恢复至 2019 年的 71.4%；全国铁路旅客周转量累计完成 9 567.81 亿人公里，同比增长 15.7%，恢复至 2019 年的 65.1%。其中，四季度全国铁路旅客发送量完成 5.57 亿人次，同比下降 19.7%，恢复至 2019 年同期的 65.3%；四季度，全国铁路旅客周转量完成 1 874.45 亿人公里，同比下降 22.6%，恢复至 2019 年同期的 60.1%。具体情况如图 2-5、图 2-6 及表 2-2、表 2-3 所示。

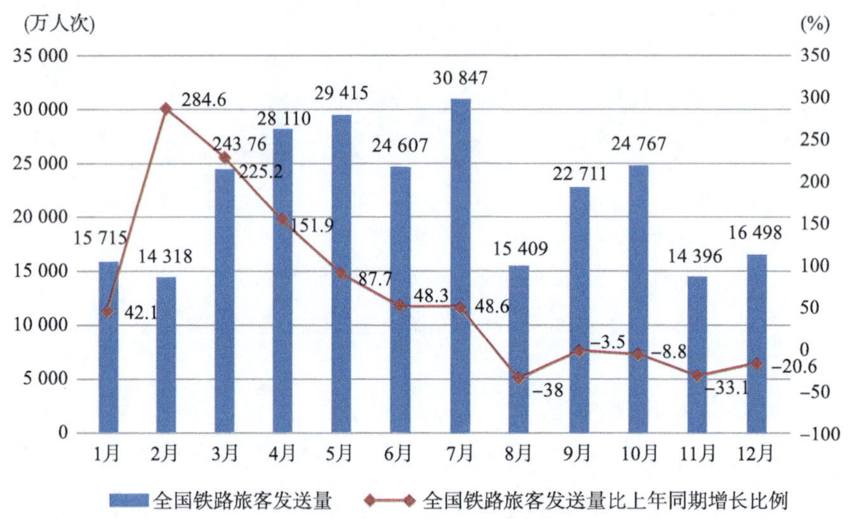

图 2-5　2021 年全国铁路旅客发送量月度变化情况

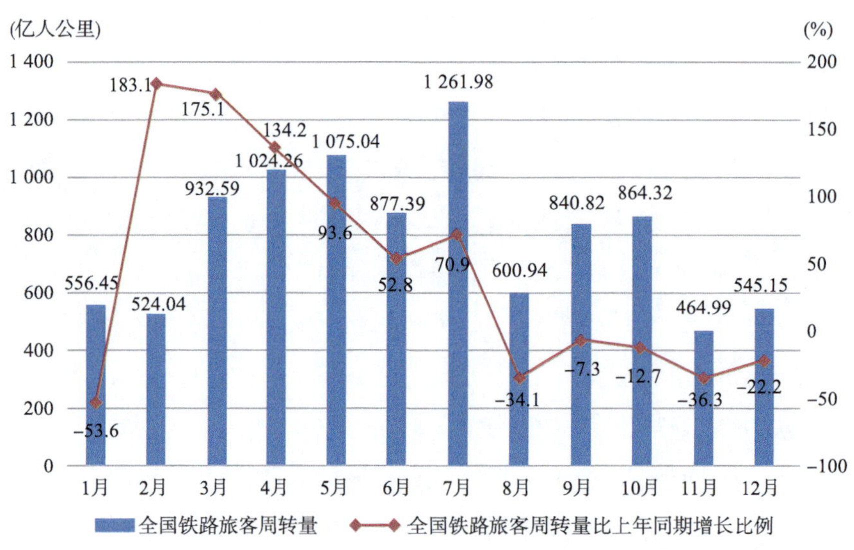

图 2-6　2021 年全国铁路旅客周转量月度变化情况

表 2-2　2016 年—2021 年全国铁路季度旅客发送量完成情况(亿人次)

季　度	年　份					
	2016 年	2017 年	2018 年	2019 年	2020 年	2021 年
一季度	6.65	7.29	7.83	8.53	3.83	5.44
二季度	7	7.7	8.35	9.21	4.35	8.21
三季度	7.87	8.49	9.49	10.33	6.91	6.9
四季度	6.62	7.36	8.08	8.53	6.94	5.57
全年	28.14	30.84	33.75	36.60	22.03	26.12

表 2-3　2016 年—2021 年全国铁路季度旅客周转量完成情况(亿人公里)

季　度	年　份					
	2016 年	2017 年	2018 年	2019 年	2020 年	2021 年
一季度	3 234.08	3 424.89	3 516.88	3 684.87	1 722.15	2 013.08
二季度	2 946.62	3 172.4	3 351.35	3 516.43	1 566.62	2 976.69
三季度	3 704.75	3 953.71	4 220.15	4 387.72	2 556.72	2 703.59
四季度	2 693.84	2 905.92	3 058.2	3 117.62	2 420.7	1 874.45
全年	12 579.29	13 456.92	14 146.58	14 706.64	8 266.19	9 567.81

二、分地区客运量情况

2021 年,旅客发送量排名前十位的省份分别为广东、江苏、浙江、四川、山东、河南、湖南、湖北、安徽、上海;旅客周转量排前十位的省区分别为河南、江苏、广东、湖南、河北、安徽、浙江、山东、江西、湖北。2016 年—2021 年全国铁路分地区旅客发送量、旅客周转量见表 2-4、表 2-5,2021 年全国各地区铁路旅客发送量、旅客周转量排名如图 2-7、图 2-8 所示。

表 2-4　2016 年—2021 年铁路分地区旅客发送量变化情况（万人）

地　区	年　　份					
	2016 年	2017 年	2018 年	2019 年	2020 年	2021 年
总计	281 405	308 379	337 495	366 002	220 349	261 171
北京	13 478	13 931	14 357	14 825	6 388	8 607
天津	4 543	4 792	5 075	5 332	2 636	3 406
河北	10 771	11 527	12 211	13 013	7 102	7 931
山西	7 529	7 664	7 958	8 153	4 890	6 454
内蒙古	5 388	5 446	5 446	5 640	3 298	3 597
辽宁	14 040	14 266	14 422	15 137	7 100	7 778
吉林	7 567	7 663	8 446	8 623	3 832	4 216
黑龙江	10 480	10 412	10 522	11 223	4 590	4 867
上海	10 609	11 617	12 267	12 834	7 605	9 284
江苏	17 814	19 786	21 204	23 739	16 084	21 367
浙江	18 035	20 114	21 870	24 309	15 854	18 263
安徽	10 370	11 487	12 337	13 410	9 479	11 118
福建	10 496	11 624	12 096	12 741	7 539	8 350
江西	9 249	10 224	11 131	11 938	8 157	9 167
山东	12 639	14 151	15 356	17 325	10 457	13 790
河南	13 825	15 252	16 383	17 709	11 415	13 126
湖北	14 197	15 747	16 713	17 216	8 148	11 627
湖南	11 518	12 872	13 943	15 626	11 392	12 865
广东	25 603	28 766	34 121	38 699	23 059	24 452
广西	8 388	9 838	11 100	11 777	7 838	9 088
海南	2 292	2 674	2 958	3 085	2 208	2 771
重庆	4 911	6 349	7 707	8 407	5 232	6 497

续上表

地　区	年　份					
	2016 年	**2017 年**	**2018 年**	**2019 年**	**2020 年**	**2021 年**
四川	11 456	12 631	15 116	17 352	11 296	14 073
贵州	5 169	5 796	6 761	7 196	5 536	6 481
云南	4 056	4 754	5 500	6 553	4 440	5 253
西藏	265	320	352	345	249	327
陕西	8 302	8 908	10 953	11 461	7 044	7 728
甘肃	3 604	4 467	5 473	5 969	4 153	4 601
青海	994	1 134	1 256	1 148	762	821
宁夏	659	650	653	666	558	720
新疆	3 155	3 515	3 810	4 550	2 012	2 543

表 2-5　2016 年—2021 年铁路分地区旅客周转量变化情况（万人公里）

地　区	年　份					
	2016 年	**2017 年**	**2018 年**	**2019 年**	**2020 年**	**2021 年**
总计	1 257 930	1 345 692	1 414 658	1 470 664	82 661 865	95 678 131
北京	15 080	15 376	15 457	15 890	706 947	954 820
天津	18 351	19 390	19 990	20 852	959 886	1 166 050
河北	99 355	104 272	106 140	108 954	5 204 700	6 156 723
山西	21 931	22 329	23 423	23 669	1 356 669	1 654 405
内蒙古	22 222	22 001	21 471	21 161	1 155 011	1 306 147
辽宁	62 338	63 492	64 129	65 685	2 884 894	3 334 547
吉林	26 787	26 221	27 333	27 615	1 209 011	1 357 283
黑龙江	10 145	27 459	27 926	28 937	1 232 634	1 334 836
上海	68 611	10 734	11 209	11 769	695 923	842 670
江苏	59 213	76 515	81 923	86 390	5 276 364	6 891 234

续上表

地　区	年　　份					
	2016 年	2017 年	2018 年	2019 年	2020 年	2021 年
浙江	70 760	65 817	69 456	74 326	4 647 279	5 318 130
安徽	33 861	85 617	78 638	82 433	5 289 881	6 055 744
福建	68 799	37 361	38 520	39 625	2 231 585	2 386 354
江西	9 249	72 266	73 242	73 972	4 502 923	5 059 589
山东	70 452	75 414	78 328	83 104	4 329 694	5 251 288
河南	92 313	102 449	106 329	109 900	6 125 755	6 911 562
湖北	74 165	79 181	80 074	80 351	3 903 107	4 902 839
湖南	92 060	97 047	97 954	100 605	6 078 862	6 606 243
广东	79 730	87 208	95 375	102 305	6 303 238	6 703 929
广西	35 108	40 461	46 226	48 129	3 015 594	3 356 400
海南	4 154	4 794	5 206	5 261	363 408	446 950
重庆	16 445	20 112	22 709	23 924	1 283 592	1 577 997
四川	34 132	35 800	41 025	43 320	2 694 417	3 253 236
贵州	22 601	24 948	32 282	35 397	2 249 793	2 553 858
云南	12 336	14 224	15 892	18 792	1 245 137	1 446 992
西藏	1 604	1 810	1 886	1 808	123 443	153 827
陕西	46 417	47 103	51 036	52 362	3 034 572	3 334 202
甘肃	35 996	37 171	40 128	41 911	2 378 710	2 691 061
青海	7 753	8 695	9 014	7 809	520 758	572 291
宁夏	4 520	4 326	4 078	4 093	242 259	290 304
新疆	24 458	27 097	28 261	30 315	1 415 819	1 806 621

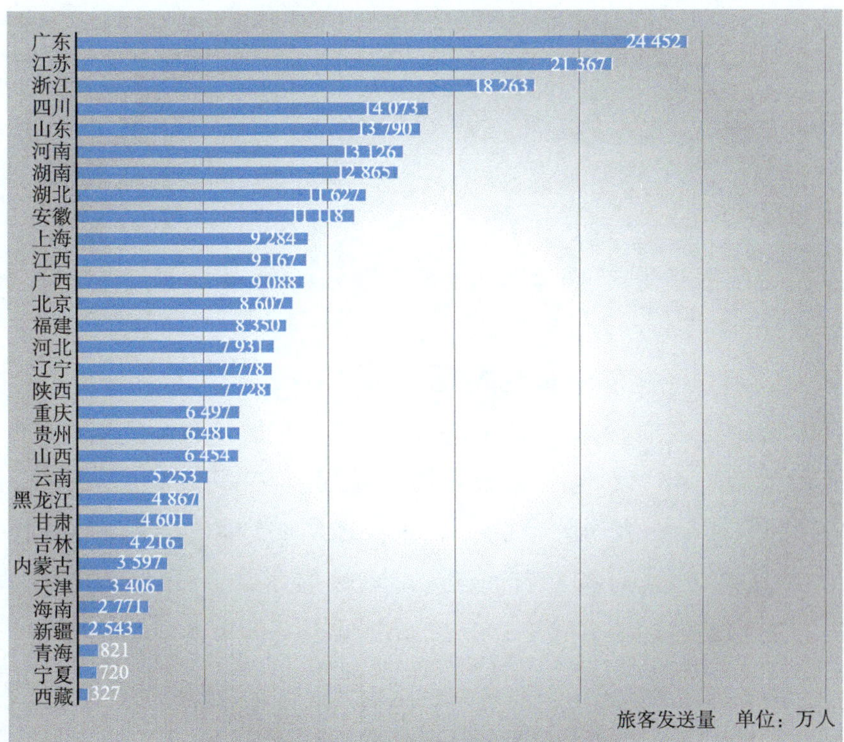

图 2-7　2021 年各地区铁路旅客发送量排名

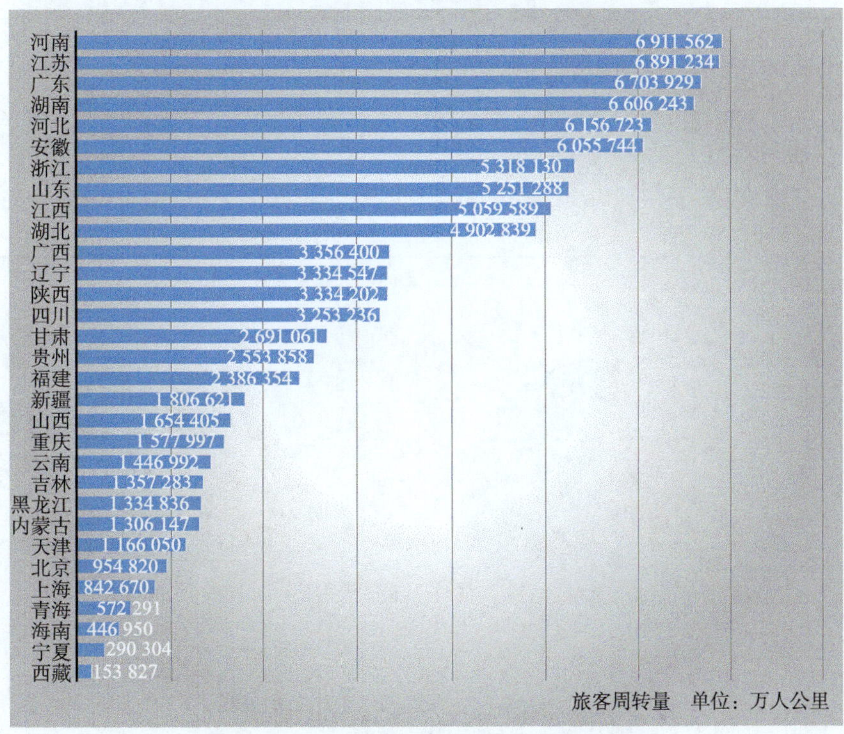

图 2-8　2021 年各地区铁路旅客周转量排名

三、市场份额分析

2021 年，全社会旅客发送量完成 83.03 亿人，同比下降 14.1%，其中铁路发送旅客 26.12 亿人，同比增长 18.5%，占全社会旅客发送量的 31.46%；公路发送旅客 50.87 亿人，同比下降 26.2%，占全社会旅客发送量的 61.27%。各种交通方式份额变化：铁路增加 8.66 个百分点，公路下降 10.06 个百分点，民航增加 0.98 个百分点，水运增加 0.42 个百分点。

2021 年，全社会旅客周转量累计完成 19 758.15 亿人公里，同比增长 2.6%，其中铁路旅客周转量完成 9 567.81 亿人公里，同比增长 15.7%，占全社会旅客周转量的 48.42%；公路旅客周转量完成 3 627.54 亿人公里，同比下降 21.8%，占全社会旅客周转量的 18.36%。各种交通方式份额变化：铁路增加 5.49 个百分点，公路下降 5.75 个百分点，民航增加 0.26 个百分点，水运持平。2021 年各种交通运输方式客运完成情况见表 2-6，市场份额如图 2-9 所示。

表 2-6　2021 年各种交通运输方式客运完成情况

运输方式	旅客发送量（亿人）		旅客周转量（亿人公里）	
	完成	同比（%）	完成	同比（%）
合计	83.03	−14.1	19 758.15	2.6
铁路	26.12	18.5	9 567.81	15.7
公路	50.87	−26.2	3 627.54	−21.8
水运	1.63	9.0	33.11	0.4
民航	4.41	5.5	6 529.68	3.5

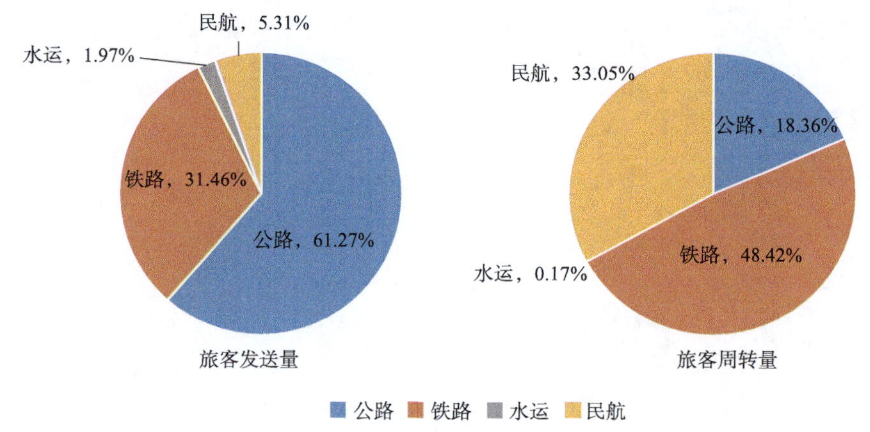

图 2-9　2021 年各种交通方式旅客运输市场份额

第二节　旅客运输服务分析

2021年，铁路旅客运输企业以习近平新时代中国特色社会主义思想为指导，奋勇担当、迎难而上，认真践行以人民为中心的发展思想，克服疫情影响下客流整体下滑、波动反复的不利形势，持续完善运力安排快速反应机制，统筹抓好普惠服务和个性化服务，着力提升客运服务质量，客运服务实现更高质量发展。

一、客运产品

2021年，铁路旅客运输企业与时俱进，积极识变求变，进一步强化市场意识，持续深化供给侧结构性改革，加强需求侧管理，提供更多铁路客运产品主动适应旅客多层次、多样化、个性化的出行需求。

（一）复兴号开行品质不断提升

2021年，中国国家铁路集团有限公司深化铁路运输供给侧结构性改革，深入实施复兴号品牌战略，持续扩大复兴号开行规模和覆盖范围，充分发挥复兴号的品牌优势，让更多的复兴号动车组奔驰在祖国广袤大地上。到2021年底，全路配备复兴号系列动车组1 191组，涵盖时速160、250、350 km等不同速度等级，适应高原、高寒、风沙等各种运营环境。复兴号系列动车组上线累计安全运行13.58亿km，运送旅客13.7亿人次。

1. 复兴号动车组历史性地实现对31个省区市的全覆盖。中国国家铁路集团有限公司深入实施复兴号品牌战略，通过技改提质、安全评估，复兴号动力集中型动车组在51条普速铁路上运行，覆盖了31个尚未通高铁的地级城市；组织研制的复兴号高原内电双源动车组开上世界屋脊（图2-10、图2-11），复兴号历史性实现对31个省区市的全覆盖。专为高原环境研制的复兴号高原内电双源动车组，可在内燃和电力模式之间自由切换，最快可跑到160 km/h。至此，复兴号家族成员增至19位，在零下40 ℃高寒地区和海拔5 100 m高原地区均可畅快奔跑，中国铁路科技创新迈上新高度。科学有序扩大“绿巨人”开行范围。2021年9月，复兴号上线咸阳至铜川铁路，铜川市结束了20年来没有铁路客运的历史，陕西省实现复兴号在省内10个地级市全覆盖。“绿巨人”带领更多老少边及脱贫地区驶入发展“快车道”，促进了沿线各要素优化配置、集聚发展，为新型城镇化建设和乡村振兴注入新动能。

图 2-10　复兴号高原内电双源动车组驶出拉林铁路桑日站（罗春晓摄）

图 2-11　列车工作人员服务藏族旅客（新华社记者普布扎西摄）

2. 有序推进复兴号世界高铁商业化运营最高速度的适用范围。2021 年，中国国家铁路集团有限公司深入实施，有序推进复兴号在京张、京沪、京津、成渝等高铁实现时速 350 km 运营，扩大了世界高铁商业化运营最高速度的适用范围。复兴号在京张高铁率先实现时速 350 km 自动驾驶功能，强化了我国高铁技术世界领跑地位。在十几年的时间里，中国已成为世界上高铁运营里程最长、高速列车运行数量最多、商业运营速度最高、高铁技术体系最全、运营场景和管理经验最丰富的国家。复兴号奔驰在祖国广袤的大地上，让越来越多中国人感受到新时代铁路高质量发展的澎湃动力。

3. 树起复兴号品牌运营新标杆。复兴号智能动车组在京张、京沪、京广、京哈、徐兰、成渝等高铁扩大体验运营，更多老百姓享受到高品质旅行生活。以成都局集团公司为例，打造“3+3+3+6”复兴号服务品牌集群，针对复兴号动车组三个速度等级，全力擦亮3张复兴号服务品牌名片，致力服务成渝地区双城经济圈建设，打造了“双城BUS”CR400AF型复兴号动车组产品；致力服务西南地区主要城市互联互通，擦亮“多彩环线”CR300AF型复兴号动车组产品；致力服务乡村振兴战略，擦亮普惠大众的“绿巨人”CR200J型复兴号动车组产品。此外，他们优中选优，打造“3+3”复兴号站车服务品牌，按照“一城一品牌”的思路，在成都、重庆、贵阳三大中心城市打造3个最靓车站服务品牌，力争建设成“城市名片”；按照“一段一品牌”的思路，在成都、重庆、贵阳3个客运段打造3个最优列车服务品牌，力争建设成“列车名片”，引领其他站车逐步整合优化品牌集群；做精6个复兴号运维管理品牌，按照“一系统一品牌”的思路，在机、工、供、电、辆等系统打造最精运维管理品牌，充分发挥品牌文化引领的优势作用。旅客与旦角装扮工作人员合影如图2-12所示。

图2-12　旅客与旦角装扮工作人员合影（胡志强摄）

4. 京沪高速铁路安全运营10周年。京沪高铁是新中国成立以来一次性投资规模最大、技术标准最高的国家重大战略性交通工程，也是“八纵八横”高速铁路主通道的重要组成部分，联通京、津、冀、鲁、皖、苏、沪四省三市，沿线人口超过全国人口总数的26.7%，享有“世界高铁看中国，中国高铁看京沪”的美誉。截至2021年6月，京沪高铁全线累计开行列车近120万列，日均开行列车数由开通伊始的131列增至568列，累计发送旅客13.5亿人次，列车累计行程超过15.8亿km。京沪高铁以我国高铁3.7%的营业里程完成了我国高铁9.3%、全国铁路6%的旅客运量，平均每年有超过1亿人次选择乘坐京沪高铁。京沪高铁平均能耗指标是高速公路运输的14%、民航运输的11.4%，完成相同周转量情况下的碳排放强度是公路运输的37.9%、航空运输的30%，占地面积是高速公路的一半，为我国实现碳达峰、碳中和目标作出重要贡献。京沪高铁以安全运营3 600余天的成绩向世界证明：中国高铁工程建设质量和运营安全管理是可靠的，中国高铁安全性经得起运营实践检验。

（二）旅游列车品类不断增多

铁路旅客运输企业抓好旅游类客运产品设计，加大旅游市场开发力度，提高自营开行旅游列车，特别是主动与政府合作，积极争取政策支持，致力于开发红色旅游和培养周末、假日主题游市场，以创新文旅融合、农旅融合、扶贫旅游等各类主题常态化组织周末及假日高铁旅游专线团，为游客提供舒适便捷的乘车体验，更好地为游客服务，提升品牌质量，满足旅游市场的需求，促进旅游经营利润增长。

1. 用好红色资源，传承好红色基因，打响了铁路旅游品牌。以庆祝中国共产党成立100周年，铁路运输企业抓住全国红色旅游需求旺盛的契机，大量开行红色旅游专列，增加客运产品有效供给，精心设计线路，打造红色旅游经营新模式。铁路运输企业积极与地方联合，充分挖掘管内红色资源，设计学习体验线路和精品红色旅游线路，开行旅游专列。南昌局集团公司与地方政府及文旅等相关部门联合，以“2021百趟专列进苏区”为主题，开行“百趟专列进赣州”“百趟专列进上饶”等红色旅游专列，线路覆盖井冈山、瑞金、兴国等革命老区，助力“湘赣闽”地区红色线路成为旅游热点。广州局集团公司打造株洲至井冈山、韶山至井冈山等多款红色旅游专列产品，受到市场欢迎。哈尔滨局集团公司选派骨干力量赴黑龙江省内外具有代表性的红色旅游景点开展调研，设计出省内短途游和省外长线游等差异化红色旅游线路。上海局集团公司充分发挥嘉兴红船起航地优势，开行“南湖·1921”红色旅游专列，车厢内设有红色书籍读书角，并以图片形式展示中国共产党从一大到十九大的发展历程，吸引了大批旅客乘专列、学党史，开行以来已接待旅客23 059人。太原局集团公司瞄准学生群体，在太行山革命老区开行“红色太行”研学专列，将现场教学搬进车厢，讲红色故事、开展党史问答。截至2021年7月底，中国国家铁路集团有限公司共开行红色旅游专列287列，发送旅客13.4万人。

2. 积极开展旅游列车推介。兰州局集团公司结合旅游市场实际，推出甘肃省内游系列产品及低风险地区的跨省旅游产品28个，并针对反响较好的赏秋线路进行优化，开发“秋天的童话·方特专列”、“金秋赏胡杨林”等多条“环西部火车游”新产品。2021年9月，兰州局集团公司举办了“环西部火车游”新标识发布暨国庆中秋“双节”旅游精品线路推介。30余家旅游专列联盟成员单位、各大旅游机构、企业负责人、销售代表等参加本次活动。“环西部火车游”旅游专列开行4年来，已累计开行171列，组织发送游客15万人次。

（三）城际铁路公交化开行

2021年，铁路运输企业与相关部门继续推进城际铁路、市域铁路与城市轨道交通统筹协调发展，以公交化运营理念，优化运输组织，编制运行方案，规范相关标准，积极探索“地铁＋城际”一体化的运营管理模式，实现互利多赢。取得了很好的效果。以郑州局集团公司为例，在郑州至焦作、郑州至开封、郑州至新郑机场开启公交化运营模式，具有列车间隔时间短、开行密度大、旅客进出站快捷等特点。一是列车开行密度大、间隔短。此次郑焦、郑开、郑机城际铁路实施公交化运营模式，具有列车间隔时间短、开行密度大、旅客进出站快捷等特点。郑州东至宋城路站日开行公交化列车27.5对，平均密度30分钟/班，列车最短间隔21分钟；焦作至南阳寨站日开行公交化列车28.5对，平均密度30分钟/班，列车最短间隔16分钟；郑州东至新郑机场站日开行公交化列车41对，平均密度22分钟/班，列车最短间隔8分钟（图2-13）。二是旅客进出站便捷。郑州局集团公司严格落实疫情防控措施，积极协调地方政府部门，加密公交车班次，延长公交车运营时段，加开车站与地铁站间的公交车，方便旅客中转接驳。郑州东站在18号、19号站台设置旅客中转换乘高铁列车专用通道和扶梯，方便旅客进入候车大厅换乘高铁列车。三是购票、乘车快捷便利。在保留现有电子票购票刷身份证进出站的基础上，将购票、实名核验、进站检票3个环节简化为12306手机App扫码进站1个动作。旅客只需在12306手机App注册核验“铁路e卡通”扫码乘车业务，进站、出站各扫码1次就完成了乘车过程，减少了购票、验证、检票环节。旅客乘坐公交化列车，持电子票可乘坐当日运营时间内任意车次，不受车票票面车次限制；使用“铁路e卡通”的旅客不分车次即来即走；在同一区段内乘车，不分时段、车次、车型，不分席位、等级，均为同一票价；旅客到站后扫码扣款出站。四是各种交通方式有序衔接。郑州局集团公司积极协调地方政府部门，加密公交车开行频次、延长公交车运营时间，并在南阳寨站加开车站与地铁站间的公交车，方便旅客中转接驳。

图 2-13　一列城际列车从郑州东站驶出，开往新郑机场站

（四）公益“慢火车”质量持续提升

2021年脱贫攻坚战取得全面胜利。铁路持续优化提升公益性“慢火车”服务质量，更好地保障交通不便和经济欠发达地区百姓出行，为乡村振兴提供基础支撑。全路81对公益性“慢火车”自2017年实现常态化开行以来，已覆盖全国21个省区市，经停530座车站，途经35个少数民族地区和104个原国家级贫困县市。2021年，公益性“慢火车”共运送旅客1 374.8万人次，同比增长12.2%，成为助力乡村振兴的强力引擎。

1. 提升服务质量，改善旅客乘车体验。例如哈尔滨局集团公司从2021年10月21日起，陆续将管内的18.5对非空调普速列车9组车体更换为空调车体，为旅客温暖舒适出行提供运力服务保障。济南局集团公司将开行近半个世纪的7053/4次公益性“慢火车”升级为空调车，改为从省会济南始发，并在车体、车厢添加了旅游元素，在列车上开设了农贸集市。这趟升级版“庄户列车”车票依然不涨价，每年吸引近百万游客走进大山，成了沿线乡村振兴的“幸福车”。

2. 持续优化运行时段，方便旅客出行需求。例如优化在山区、林区、垦区的23对公益性“慢火车”的开行方案，使运行时刻尽量贴合百姓出行规律，做到“早进城、晚出城”或“夕发朝至”，节省百姓出行成本、方便中转换乘。

3. 强化站车管理，提升服务安全质量。2021年底，铁路部门在渝怀线、焦柳线等沿线车站进行“慢火车＋双站长”模式探索。即“双站长”分为地方站长和铁路站长。地方站长由公益性“慢火车”停靠站沿线村镇领导兼任。铁路站长由公益性“慢火车”停靠站的站长担任。路地“双站长”共同负责站内外环境治理、基础设备设施修缮维护、治安联防联控等工作，并定期开展安全宣传教育、群众需求调研，努力实现文明出行、绿色出行目标。

4. 强化“慢火车”公益属性。公益性“慢火车”26 年不调价，每年运送沿线群众 1 200 万人，免费托运老乡们的鲜活农产品。例如广州局集团公司管内公益性“慢火车”主要运行在苗族、侗族、土家族等少数民族聚居区（图 2-14），往返于大山深处，为沿线菜农、果农、学生、铁路职工提供运输服务，近 40 年来从未间断，累计发送旅客约 4 270.8 万人次。图 2-15 为一列公益性“慢火车”行驶在京原线三家店大桥上。

图 2-14　凯里站，当地少数民族同胞在“慢火车”旁载歌载舞（吴吉斌摄）

图 2-15　一列公益性“慢火车”行驶在京原线三家店大桥上（孙立君摄）

5. 精心打造特色品牌。哈尔滨局集团公司针对地域特点，打造了6245/6次（齐齐哈尔—古莲）“绿水青山”、6285/6次（牡丹江—长汀镇）“林海雪原”、4059/60次（加格达奇—塔河）“求学路上”等特色品牌。成都局集团公司按照“文化、理念、形象、设施、管理”五个融入进行服务品牌打造，开展民族特色服务，分别打造了成昆线“成铁彝乡情”、川黔线“成铁红色之旅”等“慢火车”品牌。

6. 持续开好助学车。全国唯一的高考专列K5122/5127是从内蒙古自治区呼伦贝尔市大杨树镇开出的“慢火车”，19年间累计运送考生及家长3.4万人次，助力7 000多名学子顺利迈入大学校门。如今，很多毕业生返回小镇，成为“美丽乡村”的建设者。旅客中学生多，不少地区的“慢火车”上就增设学生读书角、学生车厢、学生专座等，列车沿途充满了孩子们的读书声和欢笑声，如图2-16所示。

图2-16 “慢火车”上就增设学生读书角、学生车厢、学生专座等

二、票务服务

2021年，铁路旅客运输企业持续优化对票种票制、售票组织、销售渠道等设计，弥补客运服务列车开行方案、运行方案无法满足旅客需求差异的局限，向旅客提供更加多样化、多层次、个性化的客运服务。

（一）票务服务技术不断成熟

2021年，中国国家铁路集团有限公司充分运用5G等高新技术，在客运票务服务方面持续推进智能化。借助“互联网＋”、智能终端，向旅客提供一体化、定制化的票务服务，不断推动运输服务的“无处不在、实时响应、无缝衔接、全程服务”。车站、列车服务人员则在自助售票、验证验票、检票等智能服务的基础上，为旅客出行前、进站、候车、乘车、换乘、出站等各环节提供更多智能服务。

中国国家铁路集团有限公司在既有车站窗口、代售点窗口、电话订票、互联网售票、手机App售票、自动售票机、中铁银通卡等售票渠道基础上，充分运用大数据、AI技术，持续优化世界上规模最大的铁路互联网售票系统（12306），日售票能力超过2 000万张，网售比例超过80％。

（二）票务服务内容不断拓展

铁路12306网站推出适老化无障碍功能。铁路创新服务既让年轻一代“说走就走”，也助老年群体安心出行。2021年9月铁路12306网站适老化及无障碍改造相关功能正式上线运行，为老年人及障碍人士线上购买火车票提供更多便利。同时，12306手机App适老化无障碍功能上线运行。目前在铁路12306网站注册的65岁以上用户有2 500万人。实施适老化及无障碍功能改造，可有效解决老年人和障碍人士在网络购票中遇到的实际问题，帮助他们更好地适应并融入智慧社会，进一步提升购票体验。同时，铁路旅客运输企业还保留了现金购票、人工服务等线下渠道，同时提供重点旅客预约服务，为老年人及障碍人士购票出行创造便利条件。在12306网站方面，支持读屏软件获取网页完整信息；提供无障碍辅助工具，支持放大缩小、调整配色、语音识读等功能；优化了登录验证码，提供滑块验证和短信验证两种形式。

（三）票制票种不断丰富

新型票制产品扩大推行范围持续提升旅客出行体验。近年来，随着我国这张世界上规模最大、现代化水平最高的高铁网不断延伸拓展，繁忙高铁干线和城际铁路列车高密度、公交化开行，发展与高铁、城际铁路相适应并满足旅客差异化出行需求的新型票制产品成为大势所趋。铁路旅客运输企业不断强化技术革新，创新票制产品，推出了计次票、定期票、“铁路e卡通”等新型票制产品。

1. 普速铁路列车首次开通“铁路e卡通”服务。2021年11月15日，西安局集团公司在西安至延安的动力集中型动车组列车（简称“动集动车组”）上推广应用“铁路e卡通”业务，凡开通了“铁路e卡通”的旅客，乘坐西延动集动车组列车无需提前购票，可在列车经停的任意车站通过刷身份证及扫描二维码进站乘车。这是“铁路 e 卡通”首次在普速铁路投入使用。“铁路 e 卡通”是由 12306 科创中心发行的新一代中铁银通卡实名制电子卡片产品，其载体为 12306 移动端 App，旅客通过专用机扫描动态二维码进出车站。此前已在国内部分高铁线路投入使用，在普速铁路投用还是国内首次。凡年满 16 周岁至 70 周岁区间具有完全民事行为能力的中国公民，可凭本人有效二代居民身份证信息进行申办。

2. 京津城际铁路推出新型票制产品。2021 年 11 月 16 日起，中国国家铁路集团有限公司在京津城际铁路推出 30 日定期票、20 次计次票两种新型票制产品，方便北京、天津两地商务差旅和通勤旅客便捷出行。京津城际铁路开办新型票制产品的车站为北京南、天津（天津西）、武清、军粮城北、塘沽、滨海，新型票制产品可以在京津城际铁路的开行指定发到站和指定席别的列车上使用，旅客可在 12306 网站和 App 购买以上产品。购买 30 日定期票的旅客，在 30 天有效期内，最多乘坐 60 次在京津城际铁路开行的、购买产品时指定发到站和指定席别的列车；购买 20 次计次票的旅客，在 90 天有效期内，最多乘坐 20 次在京津城际铁路开行的、购买产品时指定发到站和指定席别的列车。

3. 跨省高铁计次票。西安局集团公司自 2021 年 11 月 25 日起，在西安至兰州的高铁列车上推行高铁计次票服务。凡办理了高铁计次票服务的旅客，乘坐西安至兰州区间的动车组列车时无需提前购票，直接刷身份证或扫描二维码即可进站乘车，出行之路将更加便捷。高铁计次票此前已在国内多条高铁线路投入使用，但在我国西北地区推出跨省高铁计次票尚属首次。

4. 以定期票、计次票、“铁路 e 卡通”为代表的新型票制产品受到旅客欢迎，应用范围不断扩大。从北边的沈佳高铁牡佳段到南边的海南环岛高铁，从东部的京沪高铁到西部的银中高铁，全国已有 27 条高铁线路上线计次票等新型票制产品，47 条城际线路开通“铁路 e 卡通”服务，乘车人数累计达 310 万人次。

5. 联运电子票务服务有力推进。继 2020 年 8 月中国东方航空集团有限公司和中国国家铁路集团有限公司实现航空和铁路客票系统对接后，联运电子服务功能已从最开始的简单购票拓展到退票和改签，实现“一站式”票务服务。2021 年 9 月，中国国家铁路集团有限公司在铁路 12306 售票系统上线铁水联运和公水联程客票服务。旅客可乘铁路、汽车至位于湛江的联运换乘中心，再乘船前往海南。

三、站车服务

2021年,中国国家铁路集团有限公司围绕旅客出行畅通便捷,继续深入实施客运提质计划,在车站服务、列车服务等方面推出一系列措施,大力提升旅客全流程服务体验。

(一)车站服务精细化

1. 推进"四区一室"建设、无障碍设施改造,向旅客提供便捷、舒适、人性、智能的车站服务。在近100个高铁大站改进商务座旅客候车服务,提供专用进站、安检和乘车通道;深入实施老年人及脱网人群线下服务措施,持续推进车站"厕所革命""畅通工程",提高基本服务水平。

2. 跨方式安检流程优化持续攻坚。在铁路和城市轨道交通安检互认基础上,2021年11月1日,交通运输部、公安部、中国民用航空局、中国国家铁路集团有限公司联合印发了《关于开展空铁(轨)联运旅客换乘流程优化工作的通知》,对空铁(轨)联运旅客安检流程优化工作进行部署,提出了空铁(轨)联运旅客换乘流程优化的任务措施。

3. 打造城市立体交通枢纽、推进服务智慧升级、满足旅客出行需求。昆明局集团公司和民航联合推出以昆明站、昆明南站和昆明长水国际机场为核心枢纽的空铁联运产品,并于2021年7月16日正式上线铁路12306及东航官网App(图2-17),标志着空铁联运模式首次实现线上线下同步服务。此次推出的空铁联运产品,实现了铁路12306与东航官网两大订票App服务平台的融合与互通,为旅客提供云南省内35个火车站经昆明前往东航国内各通航

图2-17　云南空铁联运实现线上运营

城市的双向联运服务，延伸空铁联运合作，推动跨界融合、联盟合作，进一步丰富了交通服务供给。

（二）列车服务人性化

2021 年，中国国家铁路集团有限公司推出静音车厢、特色餐饮、文娱等列车服务，持续提升旅客运输过程中的感知和体验质量。

1. 增加复兴号动车组旅客服务功能。结合复兴号智能型动车组上线运行，增加卫生间“禁止吸烟”语音提示和智能照明功能，二等座增加 USB 充电接口，一等座增加背板小桌板，设置无障碍车厢，采取增加通过门宽度以及增设盲文标识、无障碍卫生间、轮椅放置区等措施，更好服务残疾人旅客。随着复兴号智能动车组的普及，旅客在车上购买商品更加方便快捷。近日，CR400AF-Z 型智能动车组在餐车吧台旁增设了一台自助售货机，旅客可以自助下单购买零食、水果和饮料（图 2-18）。

图 2-18　复兴号智能动车组上的自助售货机（包亮摄）

2. 精准营销，快速响应市场变化。构建“常态＋专项＋变量”立体化多维度的市场分析机制，准确预判非正常情况下的客流流量和流向。上海局集团公司以两级营销机构为主，调查掌握经济走势、行业发展、人口流动和不同客流出行偏好等数据，实行长、中、短期常态化预测，重点关注不同客流出行偏好，精准掌握旅游、探亲、商务、就医等客流动态，运用客运大数据锁定客流，中秋、国庆、周末客流预测准确率达 98％以上。

3. 锁定潜在市场需求，靶向吸引客流。针对新线运营、新图实施等开展专门调查，联合地方部门靶向营销，既更好地让需求牵引供给，又力求让高质量供给创造新需求；关注台风袭击、机场停运、公路限行、疫情变化等导致客流大起大落的因素，充分运用多部门会商机制，精准研判影响，在开车、售票等方面实现快速响应。

4. 精心设计，产品实现谱系化供给。坚持服务国家战略、服务地方发展，着眼新线开通本身增量效应和对于路网完善的溢出效应，精心设计通勤、新线、定制等客运产品，推出“本线＋跨线”等新线产品，积极吸引客流上线。面对疫情变化、高峰平常差异、假日往返客流等因素影响，努力提升运力供给对市场需求的适配性。铁路旅客运输企业立足做精做细做实“一日一图”，探索周末“半日图”，利用优化停靠站点、在线解编重联等手段，提高紧张繁忙区段通过能力；以周末运输为重点，优化调整停站、停时，实现良好经营效益。

5. 精细服务，持续做大客户群。上海局集团公司着眼复兴号品牌战略引领效应，推出静音车厢、热链送餐、商务座服务提质等新举措，以人性化、个性化服务做大客户群；充分发挥自营主题餐厅热链套餐生产和配送优势，根据管内高铁列车开行规律，加密“华东印记”主题餐厅布点，目前已实现南京、南京南、嘉兴南、金华站自主品牌餐厅营业，持续做精做细“一碗好饭”。向商务座旅客赠送热链餐食服务覆盖途经南京南站的所有“饭点车”，并逐步推广到金华、合肥南、嘉兴南、徐州东等其他车站。

四、疫情防控

2021年，面对疫情重大考验，铁路旅客运输企业加强常态化疫情防控，维护旅客出行健康安全。坚持旅客至上、安全至上的原则，科学分析常态化疫情防控形势下的旅客出行规律，合理安排旅客列车运行区段。根据疫情发展态势和属地政府防控要求，在基本运行图的基础上，精准实行“一日一图”，灵活机动调整列车开行方案。同时，加大站车疫情防控工作力度，严格落实测温验码、通风消毒、卫生保洁等措施，预留隔离席位，妥善处置发热旅客，让旅客出行更加安心放心。

（一）票务服务体现大局观和人性化

作为全球交易量最大的票务平台，12306拥有海量的旅客出行数据。新型冠状病毒感染的肺炎疫情发生后，12306快速启动应急机制，利用实名制售票大数据优势，及时配合地方政府及各级防控机构提供确诊病人车上密切接触者信息。12306还推出隔号售票和预留隔离席位控制策略，以技术手段降低疫情传播风险。

（二）站车服务体现科学精准

站车采用大数据、互联网等先进技术，实施红外测温、限制购票、查验核酸检测证明、科学流调（全称为“流行病学调查”）和应急消毒等技术手段，依规开展信息协查，实施乘车人手机号码核验，为精准防控提供了有效支撑。

一是坚持旅客测温。严把铁路进站、车上、出站三道防控关口，对办理旅客乘降业务的车站实行进出站测温，排查发热旅客（图 2-19）。

图 2-19　铁路天津客运段京津城际列车乘务人员对旅客进行体温检测（杨宝森摄）

二是加强站车联控。按照属地防控要求，积极配合聚集性疫情地区政府做好进出旅客疫情管控，查验核酸检测证明等，有效切断疫情传播途径。

三是严格落实站车通风消毒工作措施，坚持日常预防性消毒和终末消毒制度，提高消毒质量，消除污染环境（图 2-20、图 2-21）。

图 2-20　铁路天津西站工作人员正在对验票闸机进行清洗消毒作业（杨宝森摄）

四是强化应急处置。针对发热旅客和地方防控部门协查重点人员，及时应急处置，移交人员，推送相关信息。

图 2-21　铁路工作人员在汉口站内进行消杀作业(彭琦摄)

(三)客运岗位人员严格落实防护措施

铁路旅客运输企业制定客运管理、作业人员按照防护标准分级别佩戴口罩、手套、护目镜和穿戴防护服、鞋套等防护用品，将站车安检、保洁和餐售经商人员，以及进入站车供应链人员全部纳入客运防疫重点管控范围；建立全员日动态表，每日统计掌握人员所在地区、健康状况、在岗状态等情况，确保客运人员现状清晰、队伍稳定；对生产区、生活区、就餐区等按防疫措施重新布局，合理安排人员分布及职责范围，划小工作单元，减少人员交叉，降低感染风险；制定集中住宿点管理制度，规范集中住宿和居家观察人员的管理；常态化通过现场、视频包保检查在岗人员防护用品穿戴、测温制度执行等防疫措施落实。

第三节　提升铁路客运服务质量建议

随着高铁持续快速发展，铁路客运供给能力不断提高，铁路客运供需关系已经由供不应求的运能紧张阶段，逐渐发展到能力总体适应、局部阶段性紧张的新阶段；随着人民生活水平不断提高，旅客对出行品质有着更高要求和期待，客运产品从主要满足基本出行需求向满足多层次、多样化、个性化的出行需求加快转变，适应客运供需变化新形势新要求，铁路旅客运输企业必须与时俱进、积极识变求变、进一步强化市场意识、持续深化供给侧结构性改革，加强需求侧管理，着力构建市场化经营机制，更加注重构建个性化、多样化服务体系。综合分析 2021 年铁路客运工作，需要从提升站车餐饮服务质量、高质量开行“慢火车”等多环节持续发力，推动铁路客运高质量发展。

一、站车餐饮服务质量仍需进一步提升

存在问题：

1. 经营模式尚不统一。现阶段铁路尚未形成统一的供餐平台，配餐基地建设和经营开发由各铁路局集团公司决定。这种分散式的食品经营模式，造成铁路快餐食品在定位、品类和价位等方面不统一。同时对食品经营过程及环节控制力有限，食品安全风险大，不利于打造铁路餐饮品牌和实现效益最大化。

2. 以战略眼光推进品牌建设。现阶段铁路餐饮服务品牌建设未综合考虑铁路客运服务整体水平，部分配餐企业在品牌的定位方面缺乏明确性，片面追求短期利润和眼前利益，缺少长远发展战略。

3. 品牌市场竞争力仍需提高。高铁列车上供应的快餐食品类型单调，基本为冷链盒饭，在包装、品质、口感等方面趋于雷同，及时随市场需求在品质、口感、价格等各方面进行针对性调整的积极性和主动性不高。

相关建议：

1. 构建全路供餐平台，实现餐饮信息化管理。在铁路旅客运输企业构建餐饮供应网络和 ERP 管理平台，将站车餐厅和配餐基地线上线下连接起来，实现互动。通过 ERP 系统的分析功能，合理配置中央厨房生产计划、始发配餐、中途补餐的种类、数量和配餐比例，实现实时不间断的冷链供应，满足旅客对冷链产品的需求。

2. 统一规划，属地化配餐。打破现有经营格局和各铁路局集团公司之间的界限，实现配餐属地化，所有车次就近配餐、补餐，降低餐食的配送成本。统一产品研发设计平台，采取联合研发的方式，各取所长，避免重复研发，资源浪费，实现资源共享。

3. 加强品牌宣传，提振消费信心。通过电视、网络、手机 App 等媒介，宣传中国铁路餐饮品牌和企业品牌，加强与旅客的沟通。让旅客对高铁冷链快

餐制作工艺、冷链配送以及冷链食品复热后口感欠佳的客观事实有所认知，获取消费者的认同，减少负面效应。通过技术创新，不断提升餐品品质，提振旅客对铁路餐饮品牌产品的消费信心。

4. 加强品牌维护与监管，开展企业品牌认证，探索建立铁路餐饮品牌评价体系和评价标准，推出铁路餐饮知名品牌目录。铁路监督部门应加强督导，不断跟踪企业品牌建设及动态维护情况，及时予以评估。对不能达标的品牌和企业产品进行淘汰。

二、公益性"慢火车"开行质效仍有提升空间

存在问题：

1. 部分列车公益性作用减弱。随着区域经济不断发展，部分"慢火车"开行沿线交通条件的不断完善，旅客可乘坐高铁或其他交通运输方式出行，通过公益性"慢火车"出行需求逐渐减弱，公益性"慢火车"客流逐年下降，更多的是服务铁路沿线通勤职工，需要结合经济发展、人口迁移等实际情况进行动态调整。

2. 经营补贴机制尚不透明。"慢火车"票价一直按照1995年原国家计委制定的普通旅客列车票价率执行，有的地区补票困难，加之行李包裹运量小、收费少，这些列车一般运行在经济欠发达地区，受客流成分及群体消费能力等先天不足影响，一直由担当列车开行任务的铁路运输企业承担较大的亏损，运输收入与运输支出严重倒挂，亏损较大。

3. 监管体系仍需进一步健全。虽然国家发改委、财政部、国家铁路局及地方政府等部门对运输企业承担的公益性"慢火车"有监管责任，但各监管部门的职能分工仍需要进一步明确；同时没有统一的组织协调部门，特别是很多"慢火车"的开行及补贴政策涉及铁路和地方政府之间协调，推进过程比较困难。

相关建议：

1. 优化"慢火车"开行方案。铁路运输企业要认真贯彻落实有关要求，分析既有公益性"慢火车"布局，根据区域经济发展、百姓出行需求和季节性土特产品营销等变化，在充分论证并保障公益性运输总体情况相对稳定的基础上，适时适当动态调整优化公益性"慢火车"开行方案。

2. 完善监管制度。加快推进公益性运输监管制度建设，规范和加强"慢火车"等公益性运输监管，实现有法可依、有章可循、有据可查，为铁路运输企

业继续开好“慢火车”，高质量完成公益性运输任务提供动力和制度支持。

3. 做好协调配合。铁路运输企业加强与地方政府有关部门沟通，畅通“慢火车”开行有关信息，争取地方政府对铁路工作的大力支持，帮助协调解决公益性“慢火车”开行中的实际问题和困难。

第三章 2021年中国铁路货物运输市场分析

2021年，铁路货物运输企业坚持以习近平新时代中国特色社会主义思想为指导，坚决贯彻落实党中央、国务院关于运输结构调整工作的部署要求，提高政治站位，主动担当作为，统筹安全和发展，充分发挥路网干线作用，持续深化货运增量行动，扎实推进电煤等重点物资保供行动；全力保障国计民生，积极推进现代物流基地建设，促进集装箱、多式联运、高铁快运加快发展；实施铁路95306整体升级，着力打造高效集约、融合畅通、绿色环保、稳定可靠的货运服务体系。铁路货运量实现逆势增长，铁路货运量占全社会货运量的比重由2016年的7.7%提高到2021年的9.2%。

第一节　货物运输量及结构分析

2021 年，铁路货物运输企业通过坚持大宗货物主攻方向、精细装车精准保供、挖潜扩能提效、用好考核激励措施等手段，不断加强优化货运组织，提升运输效率，较好满足货运市场需求，有力保障国民经济平稳运行和人民群众生产生活需要。

一、货运量分析

（一）货运量年度变化情况

2021 年，全国铁路货运发送量累计完成 477 372 万 t，同比增长 4.9%，增速较去年同期增加 1.7 个百分点。其中，西藏、贵州、广东、内蒙古同比增幅较大，分别为 55.8%、25.4%、22.8%、20.4%。全国铁路货运周转量累计完成 33 238.00 亿吨公里，同比增长 8.9%。2016 年—2021 年全国铁路货物发送量、周转量变化情况如图 3-1、图 3-2 所示。

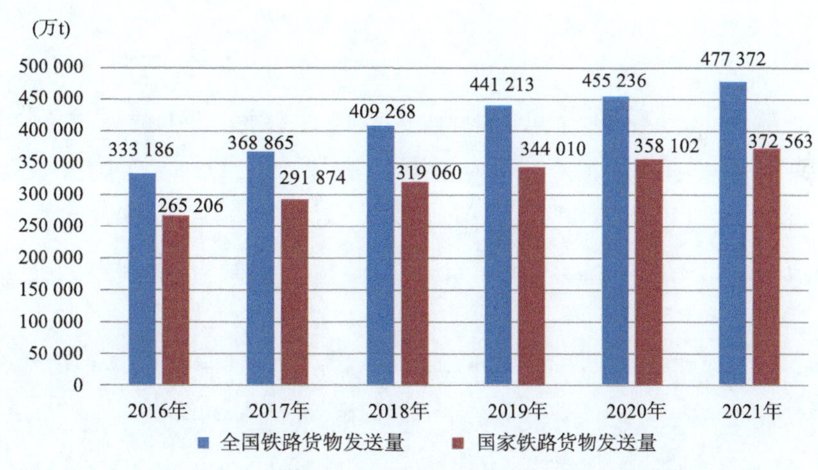

图 3-1　2016 年—2021 年全国铁路及国家铁路货物发送量变化情况

（二）货运量季度变化情况

2021 年一季度，全国铁路货运发送量累计完成 11.91 亿 t，同比增长 13.1%，较 2019 年同期增长 15%，其中西藏、上海、贵州累计同比增长超三成。全国铁路货运周转量累计完成 8 273.77 亿吨公里，同比增长 19.2%，较 2019 年同期增长 16.9%。

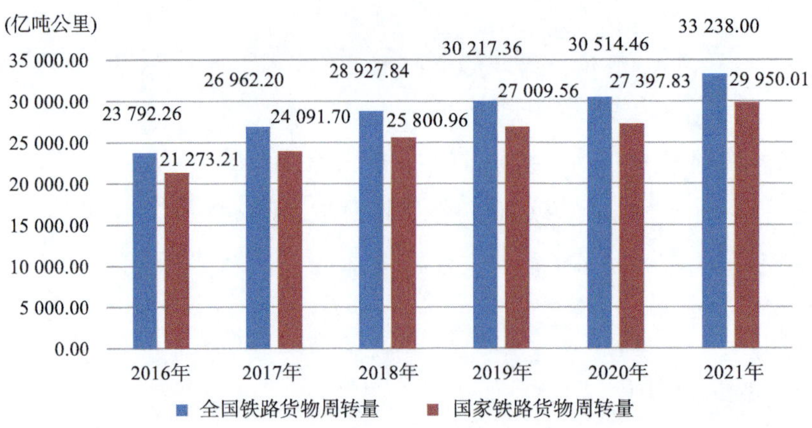

图 3-2　2016 年—2021 年全国铁路及国家铁路货物周转量变化情况

上半年，全国铁路货运发送量累计完成 23.66 亿 t，同比增长 10.1%，较 2019 年同期增长 12.1%。其中，西藏、贵州、内蒙古等 7 个省区市同比增长超两成。全国铁路货运周转量累计完成 16 237.24 亿吨公里，同比增长 14.7%，较 2019 年同期增长 12.3%。其中，二季度全国铁路货运发送量累计完成 11.75 亿 t，同比增长 7.2%；二季度货运周转量累计完成 7 963.47 亿吨公里，同比增长 10.4%。

前三季度，全国铁路货运发送量累计完成 35.12 亿 t，同比增长 5.7%，增速较上半年收窄 4.5 个百分点。其中，陕西、吉林同比降幅较大，分别下降 22.2%、15.8%。全国铁路货运周转量累计完成 24 241.86 亿吨公里，同比增长 9.5%，增速较上半年收窄 5.2 个百分点。其中，三季度全国铁路货运发送量累计完成 11.46 亿 t，货运周转量累计完成 8 004.62 亿吨公里，与上年同期基本持平。

全年全国铁路货运发送量累计完成 47.74 亿 t，同比增长 4.9%；全国铁路货运周转量累计完成 33 238.00 亿吨公里，同比增长 7.9%。其中，四季度全国铁路货运发送量完成 12.62 亿 t，同比增长 2.8%；货运周转量完成 8 996.14 亿吨公里，同比增长 7.5%。其中，国家铁路单日装车数、集装箱单日装车数、电煤单日装车数、货物单日发送量等多项指标接连创历史新高，如图 3-3 所示。

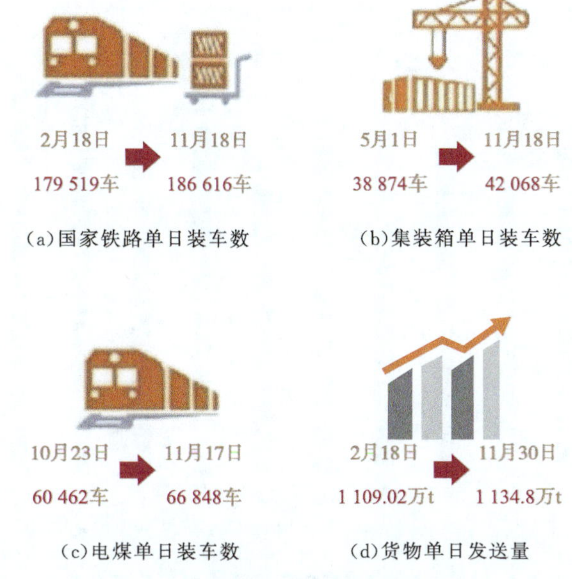

图 3-3　货运指标

2021 年全国铁路货运发送量、货运周转量月度变化情况如图 3-4、图 3-5 所示。

全国铁路 2016 年—2021 年季度货运发送量、货运周转量完成情况见表 3-1、表 3-2。

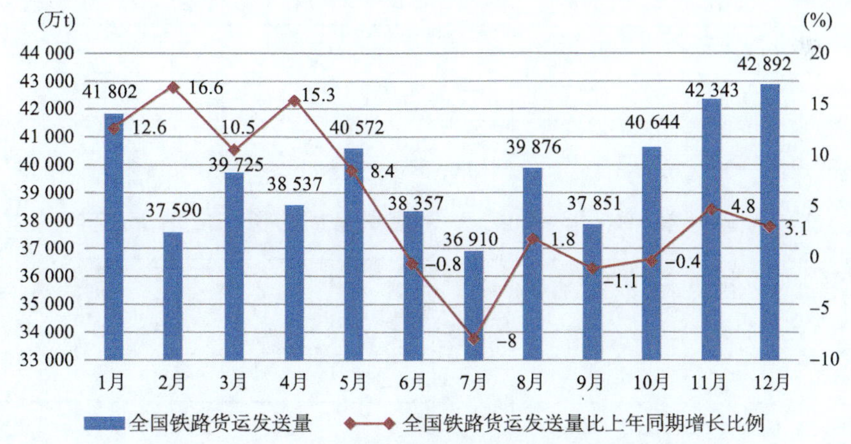

图 3-4　2021 年全国铁路货运发送量月度变化情况

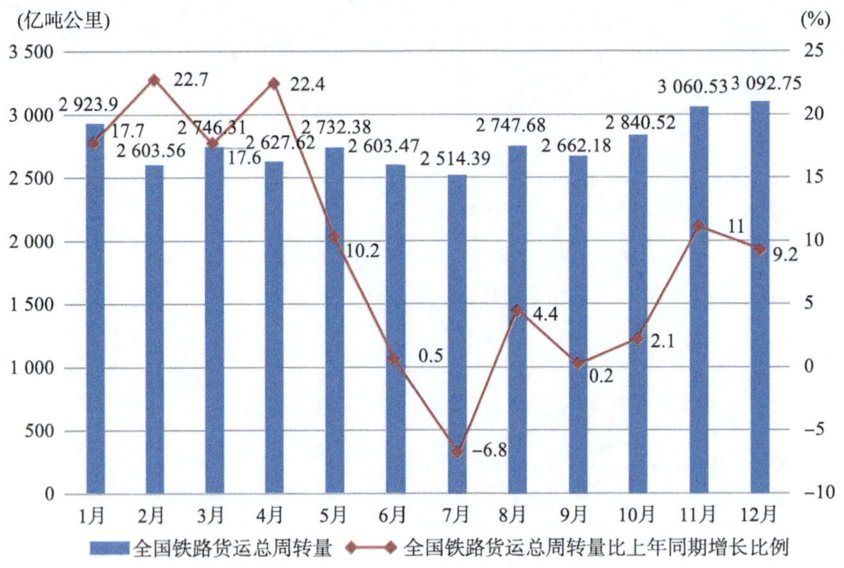

图 3-5　2021 年全国铁路货运周转量月度变化情况

表 3-1　全国铁路 2016 年—2021 年季度货运发送量完成情况（亿 t）

季　度	年　份					
	2016 年	2017 年	2018 年	2019 年	2020 年	2021 年
一季度	7.91	9.14	9.84	10.36	10.53	11.91
二季度	7.84	9.03	9.74	10.74	10.96	11.75
三季度	8.29	9.38	10.16	10.92	11.75	11.46
四季度	9.28	9.34	10.52	11.87	12.28	12.62
全　年	33.32	36.89	40.26	43.89	45.52	47.74

表 3-2　全国铁路 2016 年—2021 年季度货运周转量完成情况（亿吨公里）

季　度	年　份					
	2016 年	2017 年	2018 年	2019 年	2020 年	2021 年
一季度	5 614.22	6 671.02	6 909.84	7 077.18	6 942.03	8 273.77
二季度	5 534.75	6 482.69	6 970.7	7 383.74	7 215.49	7 963.47
三季度	5 892.24	6 744.15	7 318.83	7 580.63	7 985.75	8 004.62
四季度	6 751.05	7 064.34	7 621.18	8 140.4	8 371.19	8 996.14
全　年	23 792.26	26 962.2	28 820.55	30 181.95	30 514.46	33 238.00

二、货运结构分析

2021 年，货运量排前十位的省份分别为山西、内蒙古、陕西、山东、河北、辽宁、新疆、黑龙江、广东、天津，其中前三位均为煤炭大省，且前十位排名与 2020 年排名一致；货运周转量排前十位的省份分别为河北、山西、内蒙古、河南、陕西、山东、甘肃、新疆、辽宁、湖北，同样与 2020 年排名一致。2016 年—2021 年全国铁路分地区货运发送量、货运周转量变化情况见表 3-3、表 3-4。

表 3-3　2016 年—2021 年铁路分地区货运发送量变化情况（万 t）

地　区	年　　份					
	2016 年	2017 年	2018 年	2019 年	2020 年	2021 年
总计	333 186	368 865	402 631	431 773	455 236	477 372
北京	736	736	596	484	414	350
天津	8 149	8 736	9 249	9 888	11 124	11 750
河北	16 311	17 100	19 637	26 823	30 806	29 205
山西	64 860	74 616	85 260	91 321	92 002	102 909
内蒙古	56 111	65 835	72 506	71 828	69 069	83 128
辽宁	16 226	17 740	19 691	21 199	23 975	23 151
吉林	3 942	5 097	5 615	5 962	6 574	5 912
黑龙江	9 539	11 161	11 357	12 073	12 603	12 512
上海	461	488	482	487	494	513
江苏	5 585	5 949	6 171	6 463	8 549	9 738
浙江	3 909	4 071	4 330	4 450	4 500	5 177
安徽	9 263	8 940	8 066	7 997	7 735	7 791
福建	2 917	3 175	3 518	4 840	4 543	5 112
江西	4 355	4 871	5 155	5 065	4 553	4 818
山东	20 570	22 295	23 247	25 527	31 586	32 203
河南	10 283	10 087	10 461	10 905	11 157	11 563
湖北	4 084	4 253	4 730	5 480	5 363	5 828
湖南	4 112	4 185	4 468	4 554	4 592	4 771
广东	8 366	8 606	9 293	10 172	9 646	11 844
广西	5 896	6 634	7 140	8 405	9 269	9 119
海南	793	963	1 068	1 133	1 135	1 100
重庆	1 927	2 012	1 967	1 911	2 194	1 946
四川	6 792	6 982	7 199	7 718	7 771	7 535

续上表

地　区	年　　份					
	2016 年	2017 年	2018 年	2019 年	2020 年	2021 年
贵州	5 634	5 279	5 513	5 523	5 801	7 276
云南	5 370	4 568	4 661	4 886	4 919	5 342
西藏	65	56	70	55	52	81
陕西	35 456	39 162	42 245	44 751	49 056	37 894
甘肃	5 864	6 052	6 087	5 366	5 966	6 444
青海	2 833	3 052	3 220	3 223	3 643	3 735
宁夏	5 838	96 356 528	7 159	8 151	8 634	9 423
新疆	6 820	9 635	12 469	15 133	17 509	19 199

表 3-4　2016 年—2021 年铁路分地区货运周转量变化情况(万吨公里)

地　区	年　　份					
	2016 年	2017 年	2018 年	2019 年	2020 年	2021 年
总计	2 379 226	2 695 220	2 882 099	3 007 472	305 144 632	332 379 972
北京	66 390	79 917	86 681	81 372	7 670 958	8 028 988
天津	39 946	48 046	50 982	51 707	5 182 330	5 535 857
河北	370 230	427 836	483 200	493 718	49 720 498	53 953 997
山西	211 313	242 627	258 156	277 475	29 267 489	32 189 198
内蒙古	191 787	238 229	261 035	263 233	26 785 692	27 153 213
辽宁	90 027	108 970	118 457	123 162	12 973 279	12 460 641
吉林	39 291	48 286	51 529	53 990	5 702 421	5 447 625
黑龙江	62 033	73 715	78 457	81 468	8 396 317	8 827 702
上海	1 002	1 008	977	1 460	158 483	189 447
江苏	28 754	29 749	30 300	32 972	3 326 316	3 575 121
浙江	21 147	21 579	22 153	23 611	2 311 510	2 710 290
安徽	71 830	74 697	72 119	75 352	7 336 673	8 268 996
福建	12 938	13 590	14 735	19 406	1 808 995	2 013 572
江西	52 351	53 251	53 058	56 458	4 973 003	5 703 628
山东	122 397	131 084	135 700	152 447	16 028 630	17 296 791
河南	173 450	196 657	206 644	214 645	21 595 191	23 845 342
湖北	73 454	81 405	86 997	93 873	9 151 015	11 003 484
湖南	74 937	81 313	81 275	85 538	8 563 600	9 869 180
广东	25 836	27 098	27 060	30 123	2 820 811	3 625 364

续上表

地　区	年　份					
	2016 年	2017 年	2018 年	2019 年	2020 年	2021 年
广西	67 878	70 968	71 009	75 284	7 542 449	7 727 219
海南	1 211	1 508	1 700	1 677	167 775	161 535
重庆	15 664	17 966	20 663	20 818	2 009 042	2 546 990
四川	71 578	76 379	86 102	87 771	9 518 302	10 243 713
贵州	56 638	60 284	60 633	64 164	6 177 897	6 858 511
云南	41 169	44 837	46 536	51 941	4 710 246	4 827 923
西藏	3 010	3 047	3 322	3 991	397 998	312 304
陕西	151 754	164 177	172 300	175 015	18 656 230	21 260 685
甘肃	121 935	139 072	149 091	151 669	14 964 356	16 898 941
青海	23 960	26 603	27 562	27 159	2 911 172	4 311 259
宁夏	24 226	25 355	22 949	21 360	2 146 160	2 435 043
新疆	70 108	86 969	100 717	114 643	12 169 795	13 187 416

2021 年各地区铁路货运发送量、货运周转量排名如图 3-6、图 3-7 所示。

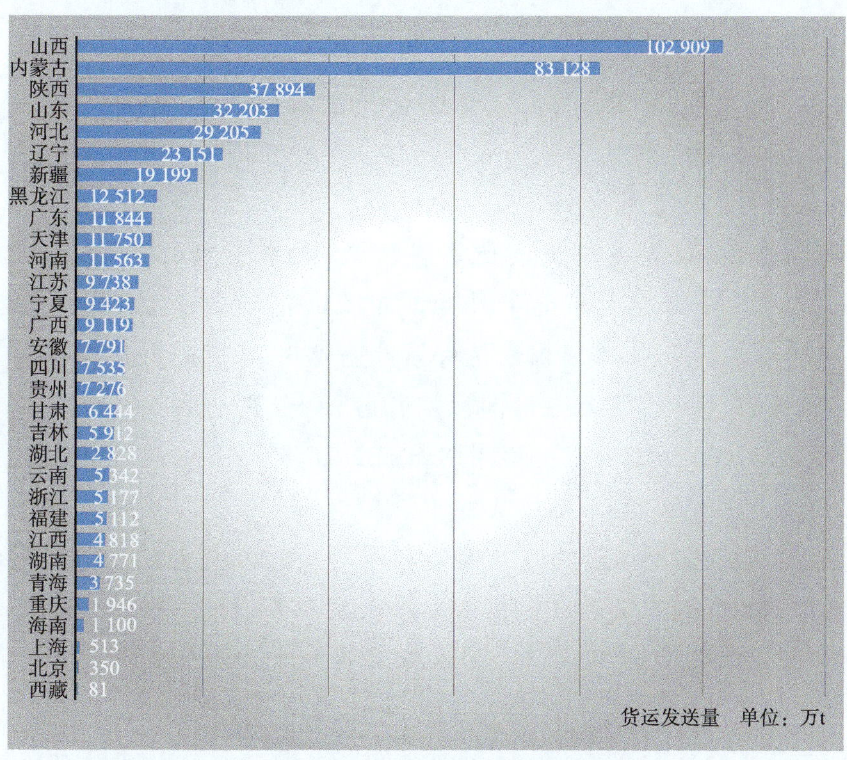

图 3-6　2021 年各地区铁路货运发送量排名

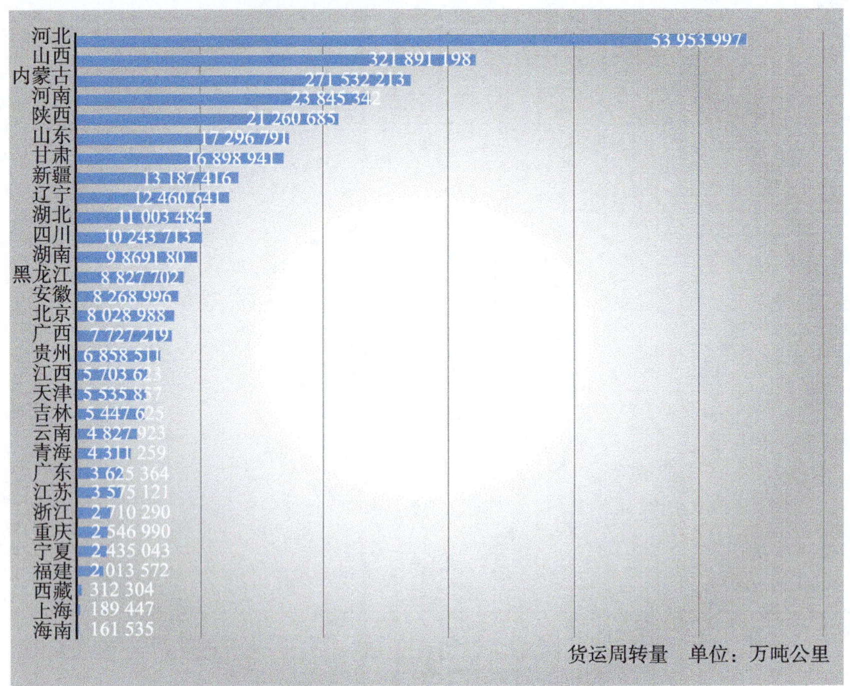

图 3-7　2021 年各地区铁路货运周转量排名

分品类来看：

一季度，集装箱、矿建材料、煤发送量同比增长较快，分别达到 49.0%、21.8%、16.0%，其中，煤发送量为 6.75 亿 t，较上年同期增加 0.93 亿 t，占货运总发送量增量的比重为 67.5%。

上半年，集装箱、煤发送量同比增长较快，分别达到 39.2%、12.1%，其中，煤发送量为 13.03 亿 t，较上年同期增加 1.40 亿 t，占货运总发送量增量的比重为 64.6%。其中，二季度煤发送量累计完成 6.28 亿 t，同比增长 10.1%。

前三季度，集装箱、煤发送量同比增长较快，分别达到 29.1%、7.0%，其中，煤发送量为 19.09 亿 t，较上年同期增加 1.25 亿 t，占货运发送量增量的比重为 66.5%。

全年，煤、集装箱发送量的增长有效拉动了货运发送量的增长，煤发送量累计完成 26.30 亿 t，占货运发送量增量的比重为 83.8%，集装箱发送量累计完成 6.03 亿 t，同比增长 26.0%。2021 年全国铁路货物及主要品类运输完成情况见表 3-5。

表 3-5　2021 年全国铁路货物及主要品类运输完成情况(万 t)

品　类	季　度				
	一季度	二季度	三季度	四季度	全年
货运总发送量	119 117	117 466	114 594	126 195	477 372
其中:煤	67 489	62 834	60 587	72 045	262 955
石油	3 273	3 404	3 184	3 279	13 140
粮食	1 445	1 507	1 626	2 196	6 774
化肥及农药	1 561	1 067	1 066	1 318	5 012
冶炼物资	24 968	25 509	24 382	23 297	98 156
矿建材料	2 114	3 262	3 499	2 335	11 210
集装箱	13 402	14 898	15 245	16 714	60 259

三、市场份额分析

2021 年,全社会货物发送量累计完成 521.06 亿 t,同比增长 12.4%。其中,铁路货运量完成 47.74 亿 t,同比增长 4.9%,占全社会货物发送量的 9.15%;公路货运量完成 391.39 亿 t,同比增长 14.2%,占全社会货物发送量的 75.04%。各种交通方式份额变化:铁路下降 0.56 个百分点,公路增加 1.18 个百分点,水运下降 0.62 个百分点,民航持平。

2021 年,全社会货物周转量累计完成 218 134.19 亿吨公里,同比增长 10.9%。其中,铁路货物周转量完成 33 190.73 亿吨公里,同比增长 9.3%,占全社会货物周转量的 15.23%;公路货物周转量完成 69 087.65 亿吨公里,同比增长 14.8%,占全社会货物周转量的 31.67%。各种交通方式份额变化:铁路下降 0.23 个百分点,公路增加 1.07 个百分点,水运下降 0.84 个百分点,民航持平。2021 年,各种交通运输方式货运完成情况见表 3-6,各种交通方式货物运输市场份额如图 3-8 所示。

表 3-6　2021 年各种交通运输方式货运完成情况

运输方式	货物发送量(亿 t)		货物周转量(亿吨公里)	
	完成	同比(%)	完成	同比(%)
合计	521.6	12.3	218 181.31	10.9
铁路	47.74	4.8	33 238	8.9
公路	391.39	14.2	69 087.65	14.8
水运(含远洋)	82.40	8.2	115 577.51	9.2
民航	0.07	8.1	278.15	15.8

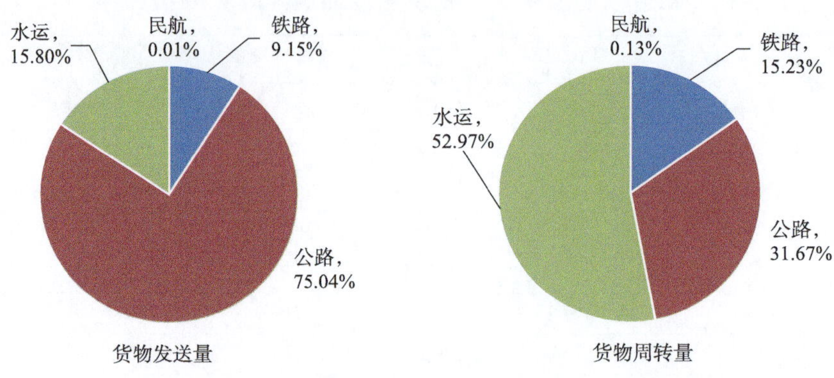

图 3-8　2021 年各种交通方式货物运输市场份额

第二节　货物运输服务分析

2021 年，铁路货物运输企业深入实施货运增量行动，在扩能、上量、增收上下功夫，优化繁忙干线货运列车开行结构，确保重点物资运输。大力发展集装箱多式联运、高铁快运等业务，深入推进“公转铁”“散改集”。加快实施短平快改造项目和专用线建设，加强白货货源组织和市场开发，完成铁路货运电子商务系统(95306)升级改造，充分释放生产经营的活力。

一、货运产品

铁路货物运输企业持续推进高铁快运、批量快运、行包快运、电商班列、冷链运输、商品汽车运输等新品类，形成了特快货运班列、快运班列、集装箱专列等适应市场需求的系列产品。

(一)重点货运产品开发取得突破

一是积极服务“双 11”电商购物节。2021 年“双 11”期间，中国国家铁路集团有限公司充分运用载客动车组上的高铁快运柜、预留的不售票车厢和普速客车上的行李车、无旅客的高铁确认列车、铁路特快货物班列，更加精准地投放运力。日均安排利用车厢富余空间及高铁快运柜存放快件的高铁载客动车组 1 135 列，其中，同时预留不售票二等座的动车组 35 列；日均安排清晨开行、全列无旅客、可装运快件的高铁确认列车 32 列；日均安排运用行李车装运快件的普速旅客列车 240 至 320 列；日均安排在京广、京沪等干线铁路上运行的北京、上海、广州等城市间特快货物班列 8 列。

二是积极扩大高铁快运的“朋友圈”。中国国家铁路集团有限公司在拉林铁路沿线的林芝、山南等站增办快运业务，全国铁路办理快运业务的车站遍布31个省区市。截至2021年11月，全国铁路办理快运业务的车站达688个，其中高铁车站249个。虽然高铁货运仅占全社会快递物流的1%，铁路运量的2%，但发展态势迅猛，存在巨大的发展空间，有效提升了铁路货运产品供给质量、重塑铁路比较优势，切实增强铁路货运业务的竞争力。中铁快运股份有限公司工作人员高效装运高铁快件如图3-9所示。

图3-9　中铁快运股份有限公司工作人员高效装运高铁快件(李忻摄)

三是积极拓展铁路特色货运服务。2021年，中国国家铁路集团有限公司适应海鲜水产、水果、肉禽蛋奶及熟食制品等生鲜食品特点，主动扩大冷链运输服务范围，发货地、覆盖面、货源品类等大幅增加；积极服务健康产业，提供更加精准的医药健康类冷链运输服务，推广“高铁＋医药大健康”物流运作模式；与齐鲁制药、九州通、顺丰医药等企业开展合作，提供更加精准的医药健康类冷链运输服务；充分运用铁路特快货物班列，为快递物流企业及家电、日化、食品等生产企业提供“冷鲜达”“定温达”“定时达”“库到库”等特色服务项目(图3-10)；充分加强与邮政、顺丰、京东等快递物流企业合作，大力开展城际间批量快件运输服务。以南宁局集团公司为例，依托高铁无轨站构建“地头冷链＋高铁快运＋城市配送”的生鲜快递模式，帮助凌云县乌鸡远销深圳、上海、北京、长沙等地。目前，广西境内共建成开通16个高铁无轨站，有效带动了当地公铁联运、旅游集散、电商物流、产品展销等多产业融合发展。该公司大力开行重点帮扶区域货运班列，推进全程物流服务，降低社会物流成本，2021年以来累计实施铁路运价优惠政策 41 项，装运帮扶地区物资 1 050.2 万 t，运费优惠让利约 6 629 万元。

图 3-10　冒雪抢运乳制品，让新鲜牛奶“坐上”专列去往全国（黄梅花摄）

四是积极拓展普速列车业务。以上海局集团公司为例，在充分调研市场需求后，利用京沪、沪深、浙广间开行的 6 列特快货物班列，提供最高时速 160 km 的特快班列运输服务。同时，该公司日均安排运用行李车装运快件的普速旅客列车 40～60 列，方向覆盖华东、华南、华中、西南、华北、东北等全国大部分地区，通过精准提供运力供给，满足大批量电商物流运输需要。

（二）国际班列量质齐升

2021 年，中欧班列发展势头良好，共开行 15 183 列，运送 146.4 万标箱，同比分别增长 22%、29%。西部陆海新通道全年开行 6 117 列，发送 57 万标箱，同比分别增长 33%、57.5%。其中，面向东盟运输箱量达 4.38 万标箱，占总量 30%以上，运输货值 115 亿元，占总量 61%，为支持东盟等国家抗击新冠肺炎疫情、稳定产业链供应链发挥了积极作用。铁海联运班列目的地覆盖六大洲 106 个国家和地区 311 个港口，其中亚洲占 95%，非洲占 3%，欧洲占 1%。前五大主要进出口贸易国为越南、印尼、新加坡、泰国、菲律宾，其贸易量占货物总量 30%。

（三）多式联运稳定增长

党中央、国务院高度重视多式联运高质量发展，作出一系列重大决策部署。2021 年，国务院办公厅印发的《推进多式联运发展优化调整运输结构工作方案（2021—2025 年）》（国办发〔2021〕54 号）提出了“到 2025 年，多式联运发展水平明显提升，基本形成大宗货物及集装箱中长距离运输以铁路和水路为主的发展格局”目标。铁路货物运输企业积极主动贯彻工作方案要求，多措并举推进多式联运工作。一是加快货运枢纽布局建设，积极构建覆盖全国主要城市的集装箱班列网络，截至 2021 年 10 月，已新增集装箱办理站点 313 个，办理站点总数达到 3 108 个。二是推广组织模式、完善标准规则、提升效率水平。为支持发展集装箱运输，中国国家铁路集团有限公司购置了 3.6 万辆集装箱平车、1 万只 40 英尺箱和 100 台集装箱正面吊，以上装备正逐步投入使用，在增运增收中发挥了重要作用。三是中国国家铁路集团有限公司推进多式联运信息交换，实现了与沿海沿江主要港口的 EDI 信息交换，并在金华南站探索建设智能集装箱场站系统，提高集装箱作业效率。四是以提质、降本、增效为发展方向，推动加快港口、物流园区铁路专用线建设，加强港口集疏运组织，打通铁路运输“最先一公里”和“最后一公里”。铁路货物运输企业积极配合交通运输部牵头实施的多式联运示范工程，参与国内多式联运运单推广应用工作，不断提供联运服务，推动简化多式联运手续、提高运输效率。“十三五”以来铁路集装箱发送量变化趋势如图 3-11 所示。

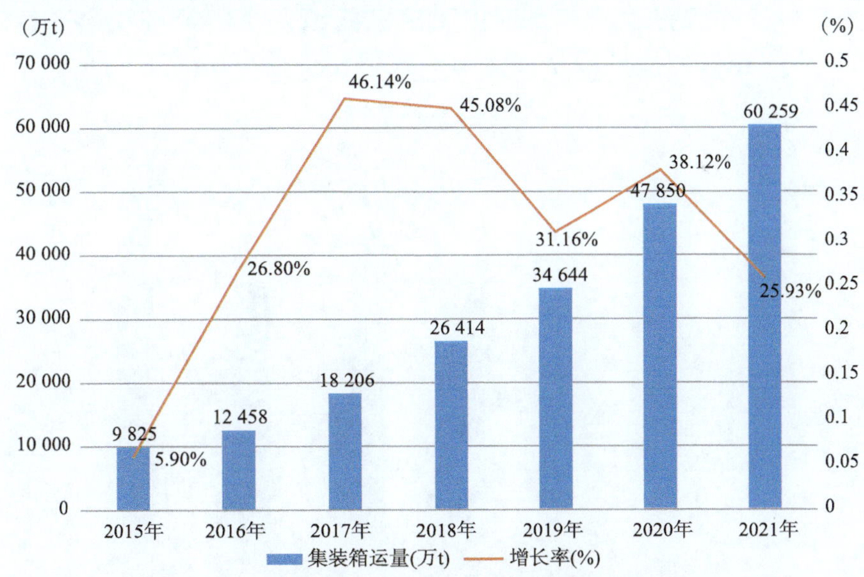

图 3-11　“十三五”以来铁路集装箱发送量变化趋势图

（四）开展煤炭运输保供专项行动

2021 年秋冬时节，我国一些地区一度出现电煤供应紧张。铁路货物运输企业坚决贯彻习近平总书记重要指示批示和中央关于电煤保供的决策部署，坚持在大局下行动，坚守民生底线，全力做好电煤保供工作，开展电煤保供专项行动。一是2021年10月底，中国国家铁路集团有限公司煤炭保供运输办公室正式运行。保供办每日对接国家发展和改革委员会以及政府经济运行部门，负责煤炭保供运输工作的协调指导，及时掌握煤炭保供运输动态，组织做好煤炭保供运输重点工作。对存煤量较低省份和电厂加大保供力度。二是强化调度指挥。针对电煤告急需求，中国国家铁路集团有限公司先后多次下达调度命令，对10多个省市的60多家电厂进行了"点到点"应急精准保供运输，有效缓解了电煤紧张局面。对已签订的煤炭中长期合同和补签的四季度电煤中长期合同，中国国家铁路集团有限公司积极衔接铁路运量，做到应保尽保。重点强化大秦、唐包、瓦日、侯月、石太、包西、集通、京哈等铁路煤运通道的运输组织，用足用满能力，加强能力紧张分界口的车流调整和机列衔接，提升运输效率。三是加强沟通协调。针对部分电厂电煤集中到达造成的卸车难题，铁路货物运输企业积极协调电厂加强劳力、机具调配，派出工作组加强现场组织，并做好防冻车工作，减少冻车影响。到2021年底，363家铁路直供电厂存煤7 099万t，较9月底增加4 117万t，可耗天数达23天。2021年四季度，国家铁路电煤日均装车达到6万车、同比增长25.5%，创历史新高，电煤装车12次刷新历史纪录。在关键领域有力维护了国家能源安全和经济社会平稳运行。2016年—2021年铁路煤炭发送量及产运系数变化趋势如图3-12所示。

图3-12　2016年—2021年铁路煤炭发送量及产运系数变化趋势图

（五）铁路巩固脱贫攻坚成果同乡村振兴有效衔接

2021年2月25日，习近平总书记在全国脱贫攻坚总结表彰大会上庄严宣告："经过全党全国各族人民共同努力，在迎来中国共产党成立一百周年的重要时刻，我国脱贫攻坚战取得了全面胜利，现行标准下 9 899 万农村贫困人口全部脱贫，832 个贫困县全部摘帽，12.8 万个贫困村全部出列，区域性整体贫困得到解决，完成了消除绝对贫困的艰巨任务，创造了又一个彪炳史册的人间奇迹！这是中国人民的伟大光荣，是中国共产党的伟大光荣，是中华民族的伟大光荣！”国家发展和改革委员会等 30 个部门联合印发《关于继续大力实施消费帮扶巩固拓展脱贫攻坚成果的指导意见》，吹响了消费帮扶提档升级的冲锋号。

铁路行业严格落实“四个不摘”的要求，保持帮扶政策、资金支持、帮扶力量总体稳定，拓展产业、消费、就业等帮扶成效，助力巩固脱贫成果与乡村振兴有机衔接。2021 年，国家铁路完成相关建设投资 3 728.8 亿元，占铁路基建投资的 74.9%，又有 25 个县结束了不通铁路的历史。全力保障乡村地区实现货畅其流，落实好国家支农惠农政策，全力保障涉农重点物资运输，持续加强特色农副产品运输组织，助力乡村地区特色产业发展。拓展对武陵山、秦巴山、大别山等老少边地区的帮扶成效，补强乡村地区客货运服务设施，强化涉农物资运输服务保障，主要服务乡镇及以下的客货车站超过 1 300 个，2021 年国家铁路共运送货物 7.2 亿 t，同比增长 3.8%，减免费用 14.8 亿元。

铁路行业发挥资源、市场优势，建立健全产销帮扶长效机制，从单一扩大帮扶产品销售渠道，转变为引导打造品牌、更好适应市场，进一步增强脱贫地区产业抗风险能力，消费帮扶达 1.75 亿元。中国国家铁路集团有限公司加大脱贫地区优质农产品“进站上车”力度，目前已在全国 431 个车站、2 237 列客车上设置 2 880 个直销店或专区；在铁路 12306 网站、中铁快运商城、国铁通用物资采购平台、掌上高铁设立消费帮扶专区；在 56 个省会级城市和客流较大的地级市车站投放“铁路消费帮扶智能售货柜”600 余台；通过物流运输、铁路媒体推广等方式，为帮扶企业降低物流成本，扩大帮扶县区农特产品的影响力。国家发展和改革委员会公布了 2021 年全国消费帮扶助力乡村振兴典型案例，铁路货物运输企业 3 个案例成功入选。

二、货运服务

2021 年 12 月 18 日，中国铁路 95306 网站（www.95306.cn）铁路货运电子商务平台整体升级后正式启用，实现 24 h 网上办理货运业务，实现内外数据互联互通、信息交互共享，对铁路更好发挥现代物流体系的骨干支撑作用具有重要意义。截至 2021 年底，95306 用户数量超过 7 万家，电子运单使用比例超过 95%。

一是全程网上办理，提供便捷服务。铁路 95306 平台整体升级后，具备

7×24 h全天候网上办理功能，为客户提供运单提报流转、费用支付、领货理赔和专用线交接等全流程服务。全国铁路3 649个货运营业站、8 392条专用线全部具备网上办理条件，全程通过95306网站、客户端和微信公众号办理货运业务的货主比例达81%，电子运单使用比例达97%。6 900多家企业使用电子营业执照在平台自助注册，5.5万家货主申领数字证书并通过电子签名办理业务，有效解决了受疫情影响难以线下办理货运业务和传递单据等问题，极大方便了广大货主发货，同时每年可为货主节省往返铁路货运站的人工、交通等综合成本10亿元以上。

二是优化平台功能，提升货主体验。铁路95306平台整合了铁路各类信息系统数据，建立全国统一的货车在途轨迹数据库，实现货物追踪和预测到达等功能，客户可以实时掌握货物预计到达情况，位置信息平均30 min可更新一次。以运距1 000 km为例，90%以上预测误差可控制在6 h以内。客户可合理安排取货和开展生产经营。原由人工办理的客户注册、费用测算缴纳等服务，均实现平台在线自动办理，大大提高了工作效率，减少了工作量和人工差错。客户端活跃用户日均使用时间达72 min，全程追踪功能日均使用超过5万次。

三是推进集约经营，促进提质增效。依托铁路95306平台，将原来分散在各货运营业站的需求受理、核算制票、收费对账、发票开具、领货手续、理赔、客服等业务集中到铁路局集团公司货运受理服务中心“云端”办理，统一服务标准，作业管理更加透明规范，作业效率大幅提高。货运办理人均受理量从原来的每日45车提高到400车以上，增长789%；人均制单量从原来的每日27车提高到180车，增长567%。货主日常发货需求，可以通过“云端”全程办理，并可依据货主个性化需求和深度合作意向精准制定一揽子物流解决方案，为各类市场主体提供优质运输服务。

四是拓展电子支付功能。在POS机刷卡、预付款等既有支付方式的基础上，拓展了网银支付功能，客户能够在线完成运输费用电子支付。

五是实现移动端操作。铁路95306 App同步上线，通过95306 App和微信公众号，客户可随时随地网上办理货运业务，足不出户即可完成铁路发货、收货手续；实现电子注册、电子运单、电子支付、电子发票等功能，为客户提供铁路货运网上全流程“一站式”服务。

三、运输效率

2021年，铁路货物运输企业结合铁路设备联动、作业联劳、管理连贯的作业特点，充分发挥全国铁路网优势，科学研判区域经济发展特点，畅通干线、打通堵点、消除瓶颈，加强协调联动，采取加密、增吨、提速、压时等措施，持续提高运输效率。

一是聚焦“六线六区域”，进一步挖潜主要货运通道能力。中国国家铁路集团有限公司抢抓 2021 年以来煤炭运输需求较为旺盛的市场机遇，充分发挥浩吉铁路等煤运大通道作用，统筹协调西煤东输、北煤南运铁路运输体系建设，不断提高煤炭运输质量。通过优化大秦线施工“天窗”、制订实施浩吉线 C80B 型货车增量运输方案、开行瓦日线 C70E(H)-A 万吨列车、实施石太线挖潜提效、配强唐呼线机车机班、对主要卸车点翻车机进行适应性改造等挖潜举措，充分发挥好货运大通道作用。根据疫情变化和货运增量需要，优化调整普速繁忙干线客货列车结构，增加货运能力，2021 年 12 月首次实施了货运增量分号运行图。

二是聚焦“公转铁”“散改集”，努力提升集装箱装车水平。2021 年中国国家铁路集团有限公司坚持将发展集装箱多式联运作为深化供给侧结构性改革的主要方向，集装箱装车已经实现连续 4 年高速增长。2021 年国家铁路集装箱装车最高日达到 39 417 车，再创历史新高。2021 年，在进口矿石大幅下滑的不利情况下，疏港矿石铁路运输比重达到 50.7%，同比提高 8.1 个百分点。铁路通过敞顶箱完成大宗货物运量 3.5 亿 t，同比增长 34.8%，占货运总增量的 60%。2021 年 8 月 16 日，H248 次货物列车装载着 3 640 t 电煤从唐公塔站发往和林电厂，标志着国家能源集团新朔铁路首列“公转铁”列车正式启运。该项目的实施是新朔铁路积极践行国家“公转铁”政策，调整运输结构，实现“增运补欠”的重要举措，预计每月可增运 10 万 t。此次联发联运，对新朔铁路探索“厂矿线站联合体”机制具有重要意义。

三是实施了车流径路和计费径路优化调整。结合近年来高铁成网后既有线货运能力大幅释放的实际情况，为进一步提升运输效率，降低社会物流成本，中国国家铁路集团有限公司围绕高铁成网后结构和能力发生的变化，对国家铁路车流径路和计费径路进行系统整体优化调整，96 条线路的车流回归最短或最优径路，并首次按历史车流加预测车流推算，与最短径路全面对比梳理，将国家铁路车流作为整体系统化，调整范围广，优化力度大，对于发挥路网新增运能、适应货流结构变化、应对市场竞争形势、降低铁路物流成本具有重要意义。

四是高铁成网充分释放货运能力。以郑州局集团公司为例，2012 年，郑州局集团公司货物发送量累计完成 16 935.1 万 t，2021 年累计完成货物发送量 17 446 万 t。在 510.9 万 t 的增量中，蕴含着高铁开通为既有线腾出的货运能力。高铁开通前，京广、陇海等铁路干线运能相对紧张，货物列车在旅客列车间“见缝插针”开行。高铁开通后，既有铁路货运能力得到充分释放。2021 年，在疫情、水害双重压力下，郑州局集团公司分界口日均交接列车、货车旅速、货车周时等主要运输指标累计 183 项次刷新纪录。

五是大力推进卸车积压点扩能改造。为进一步提高运输效率，减少铁路货运停限装问题，满足货主发货需求，2021 年以来，中国国家铁路集团有限公司持续组织各铁路局集团公司对停限装车站情况进行了全面梳理，深入各卸车积压点开展调研，督导卸车组织，对卸车能力长期不足的车站研究制订扩能改造方案，取得了积极的效果，卸车积压点实现大幅减少。加快推进煤炭发到企业的铁路专用线建设。针对旺盛的煤炭运输需求，扩大专用线共用范围，积极组织临近专用线与产量较低煤矿签订共用协议，扩大铁路货源吸引范围。围绕增加站点装卸能力，中国国家铁路集团有限公司对 125 个往年卸车积压车站实施卸车能力补强，已完成 96 个；开通运营新建专用线 92 条，累计完成发到运量 4 622 万 t。围绕提升口岸交接能力，中国国家铁路集团有限公司完成了霍尔果斯、二连站扩能改造。霍尔果斯站回程班列同比增长 105%，二连站去程班列同比增长 26%；创新口岸交接方式，积极协调哈、蒙、俄铁路利用口岸宽轨富余能力，组织口岸宽轨车辆卸空装重，2021 年下半年共完成 8 172 车。中国国家铁路集团有限公司密切盯控停限装车站扩能改造进度，特别是紧盯昆明、唐山等重点地区卸车能力提升工程和重点专用线建设进展情况，确保按期完工。加快推进铁路专用线建设，指导做好专用线建设的提前介入工作，确保新建专用线尽快投产形成能力。积极组织既有专用线企业开展共用，进一步引流上线。

六是聚焦全力提升货运经营效益。2021 年以来，中国国家铁路集团有限公司根据市场供求状况变化，及时优化调整货运价格策略，加强运价下浮管理和效果考核，加大“两高一远”货物装车比重，最大限度将货运增量成果转化为经济效益提升，努力实现“增运增收补欠”，国家铁路货运总收入完成 4 358 亿元，同比增加 336.6 亿元、增长 8.4%；发送吨收入率达到 117 元，同比提高 4.7 元，收入增幅较运量增幅高 4.4 个百分点。

四、中欧班列

经过多年的持续发展，中欧班列建设取得初步成效，基本形成“三大通道、四大口岸、五个方向、六大线路”整体发展格局，中欧班列运送货物货值占中欧货物贸易的比重逐年提升。2016 年至 2021 年，中欧班列年开行数量由 1 702 列增长到 15 183 列，年均增长 55%；运输货物品类扩大到汽车配件及整车、化工、机电、粮食等 5 万余种；年运输货值由 80 亿美元提升至 749 亿美元，增长了 9 倍，在中欧贸易总额中的占比从 1.5%提高到 8%。特别是新冠肺炎疫情全球大流行以来，一些国际物流通道受到阻碍甚至被迫中断，国际物流供应链的稳定和我国传统对外经贸发展受到冲击。严峻形势下，中欧班列逆势而上，开行列数和发送货物量实现快速增长，为服务我国对外经贸发展、推动企业复工复产、稳定国际供应链产业链、助力中欧共同抗疫发挥了重要作用，跑出互利共赢“加速度”。

（一）2021 年中欧班列开行再创佳绩

一是全年开行量再创新高，“月行千列”成为常态。从年度看，2021 年，面对新冠肺炎疫情的严重冲击，中欧班列“逆势而上”，开行量再次刷新历史纪录，达 15 183 列，同比增长 22%，首次站上 1.5 万列大关，连续两年突破“万列”，是 2016 年统一品牌时的 9 倍，年均增长率达 55%，如图 3-13 所示。从月度看，2021 年均实现“月行千列”，自 2020 年 5 月以来连续 20 个月单月开行千列以上。全年峰值出现在 6 月份，当月开行量达到 1 386 列。

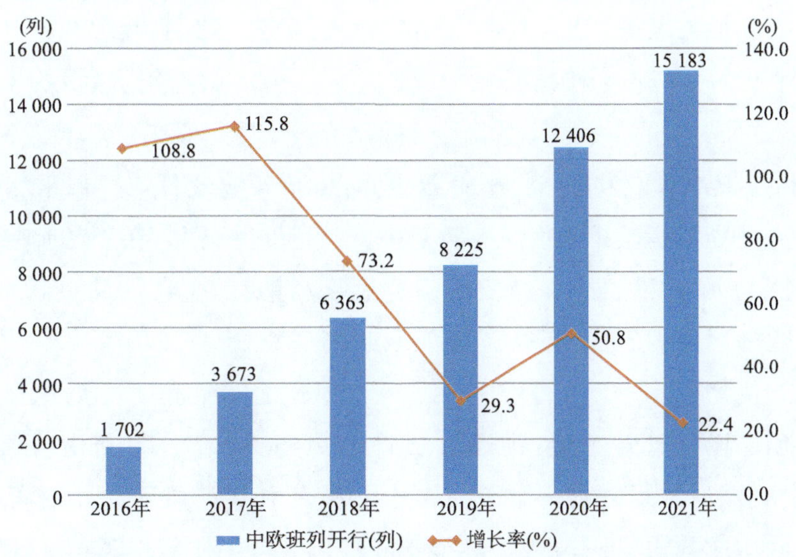

图 3-13　2016 年—2021 年中欧班列开行情况及增长率变化图

二是市场份额持续扩大，呈现“火爆”发展局面。受疫情频频反弹、海运价格高企、空运运力不足、公路口岸不畅等因素影响，海运、空运和公路运输货物持续向铁路转移，大量货物“涌向”中欧班列。2021 年，中欧班列运送货物和货值同比分别增长 29%、36%。长三角、粤港澳大湾区、京津冀等区域的中欧班列市场快速发展。2021 年，京津冀地区首次实现国际铁海联运从两套单据到“一单到底”的转变，一张提单、一趟专列、一次性贯通铁海联运全环节，大幅节省了运输时间和资金成本。

三是服务质量稳步提升，班列运输优势明显。从重箱率看，2021 年中欧班列去回程综合重箱率高位企稳，全年达到 98.1%，其中，去程重箱率 100%，回程重箱率 95.7%，空箱问题“一去不返”。从平衡性看，2021 年中欧班列回程去程比达到 81.5%，同比提高 3.8 个百分点，去回程不平衡的问题得到进一步改善。从运输时效看，疫情条件下中欧班列平均运行时间 20 至 25 天，较海运具有更强的竞争力。

四是国际市场网络加快拓展，重点国别需求增长明显。2021 年，中欧班列铺画 78 条运行线，通达欧洲 23 个国家的 180 个城市，较去年增加 2 个国家和 88 个城市，通达城市数量增长了 96%。与俄罗斯、波兰、德国、白俄罗斯、荷兰之间的中欧班列开行量分列前 5 位。其中，中俄之间开行 6 929 列，中波、中德之间开行量均超过 2 000 列。

五是国内枢纽设施不断完善，物流集聚效益充分彰显。2021 年，国内开行中欧班列的城市共 68 个。其中，西安、重庆、成都、郑州、乌鲁木齐 5 大中欧班列集结中心的开行量稳步增长，2021 年达到 8 469 列，运送货物 80.3 万标箱，分别占全国的 55.8%、54.8%，物流集聚效果充分彰显。除 5 大中欧班列集结中心外，长沙、义乌、济南、沈阳、苏州、武汉 6 市 2021 年实现日均开行超 1 列。

六是防疫物资运输顺畅稳定，架起中欧“生命桥梁”。在新冠肺炎疫情频频反弹的情况下，中欧班列保持安全稳定运行，将我国生产的防疫物资源源不断地运抵欧洲国家。2021 年中欧班列运送防疫物资 423 万件、2.9 万 t，历年累计运送防疫物资 1 362 万件、10.5 万 t，在中欧之间架起了一座“生命桥梁”。

七是顶层设计日益完善，沟通机制日益顺畅。2021 年，与沿线国家铁路部门就《中欧班列全程时刻表编制与协作办法》《中欧班列运输计划商定办法》等合作文件达成共识，进一步提升境内外全程运输组织能力，全力保障中欧班列全程安全稳定开行。

(二)主要口岸的跨境班列运输情况

——霍尔果斯口岸

2021年,经霍尔果斯口岸站进出境中欧班列6 362列,同比增长26.6%,首次超过阿拉山口口岸站,居全国首位。其中,出境4 826列,返程班列1 536列;出境班列货运量525.76万t,返程班列货运量381.17万t,均实现双增长。截至2021年底,经霍尔果斯口岸通行的中欧班列有郑新欧、渝新欧、长安号等56条线路,贸易覆盖德国、波兰、格鲁吉亚、俄罗斯等18个国家、45座城市,货物种类丰富至200多种。口岸日均通行班列18列,最高可达23列。

2021年12月24日,霍尔果斯口岸站扩能改造工程圆满收官,增加到发线、换装线和装卸设施,运输能力进一步提升。

为助力中欧班列在霍尔果斯口岸跑出"加速度",霍尔果斯口岸站大力推行铁路舱单归并,充分发挥人员进驻一线优势,坚持全天候预约式通关;推广实施"铁路快通"模式,精简海关通关手续,提高境内段班列所载进出口货物转关运输通行效率,进一步畅通国际物流通道。

——阿拉山口口岸

2021年,经阿拉山口口岸站进出境中欧班列5 848列,同比增长16.3%。2021年以来,阿拉山口口岸新增23条中欧班列线路,通行中欧班列运行线路累计60条。运行线路由线成网,进一步优化了中欧班列货物运输能力,吸引更多企业选择该运输方式出口。截至2021年底,阿拉山口通行中欧班列数量已达日均16列,线路覆盖重庆、四川、河南、湖北、浙江等24个省区市,可到达俄罗斯、波兰、德国、西班牙等13个国家。

为保障班列快速通行,铁路货物运输企业和阿拉山口海关加强协作配合,设立班列通关专用窗口,搭建一站式服务保障平台,实现24小时班列业务随到随办,海关、边检、铁路并联作业,做到"即到即查、即封即查",切实将优化监管各项措施落实落细,班列口岸通行效能不断提升。

——二连浩特口岸

2021年,经二连浩特铁路口岸进出境中欧班列2 739列,同比增长15.1%,再创历史新高。全年完成进出口运量1 605.10万t,连续第二年突破1 600万t大关。截至2021年底,经二连浩特铁路口岸进出境中欧班列运行线路已达54条,进出口商品种类增加到100余种。得益于2020年12月完工的二连浩特铁路口岸升级改造工程,口岸站中欧班列接发能力大幅提升,日均接发出入境列车的能力由每天12列增加至18列。

2021 年，二连浩特口岸受境外疫情影响，疫情输入风险持续存在，口岸防控形势情况复杂。10 月中旬以来，新冠肺炎疫情在二连浩特突发，给口岸铁路运输带来巨大考验，二连浩特车站强化口岸疫情防控工作，坚决防止疫情通过铁路运输渠道输入传播，全力确保铁路口岸正常运输。

——满洲里口岸

2021 年，经满洲里口岸出入境中欧班列 4 235 列，同比上一年增加 650 列，增幅达到 18%，其中入境中欧班列 2 235 列，同比增加 456 列，增幅为 25.6%；出境中欧班列 2 000 列，同比增加 194 列，增幅为 10.7%。入境班列数量首次超过出境班列。

2021 年，满洲里口岸以一般贸易方式对俄进出口 221.7 亿元，增长 17%，占同期对俄进出口总值的 61.4%；以边境小额贸易方式对俄进出口 116.6 亿元，增长 7.6%，较整体增速低 5.8 个百分点。进口商品以金属矿砂、木材和肥料为主，三者合计占同期满洲里口岸自俄进口总值的 71.7%。出口商品主要为机电产品、劳动密集型产品和农产品，三者合计占同期满洲里口岸对俄出口总值的 78.9%。

为保障中欧班列在满洲里铁路口岸高效通行，满洲里口岸站与相关部门积极协作配合，建立信息共享和问题协同解决机制，发挥监管合力，主动对接货运代理公司，提前掌握班列发车、抵运情况，坚持推行“预约申报”“舱单合并”等便利化措施，依托科技手段加强对班列运输途中的物流监控，设置“7×24 小时”班列审核专岗，做好预约通关、布控查验等工作，确保当天查验、当天放行，进一步提升了中欧班列通行效率。

——绥芬河口岸

2021 年，经绥芬河口岸出入境中欧班列 545 列、5 万个标箱，同比分别增长 147.7%和 164.4%，班列开行保持强劲增长态势。自 2018 年 8 月中欧班列在该口岸开行以来，已累计开行 903 列。

为服务保障中欧班列高质量运行，绥芬河口岸站实施预约通关、线上申报、转关自动核放等便利措施，深化“舱单归并”、自主选择报关地等海关业务改革，实行优先审核、优先查验、优先放行作业模式，复制推广中欧班列运费分段结算估价管理改革，降低企业通关成本。充分发挥“95306”数字口岸优势，实现铁路与企业公司、俄铁对方站的运输信息共享，确保了通关效率最大化，通关时间最快压缩至 30 分钟以内。同时，绥芬河口岸站对进口货物精准实施防疫措施，有效地预防了进口货物的疫情传播风险。

——凭祥口岸

2021 年，经凭祥口岸通行国际货运班列超过 1 900 列，同比增长 56%，班列通行量和货运量创下新高。

2021 年 7 月，中越、中欧班列首次联程运输，实现跨境物流联东盟达欧盟。2021 年 9 月，全国首趟“铁路快通”中越班列经凭祥口岸出境。西部陆海贸易新通道加快建设，新开通长沙—河内东盟国际货运班列、粤港澳大湾区(广州增城—越南河内)国际班列，跨境铁路班列达 13 条。随着铁路国际联运设备设施的不断完善，凭祥口岸运输能力得到进一步释放。

凭祥口岸站加强与海关部门协作，严格落实疫情防控的相关要求，对中越、中欧联运班列采取“优先接运、优先送检、优先挂运”原则，积极协调相关部门，确保班列开行各环节紧密衔接，保障中越、中欧班列高质量开行，为班列常态化运行提供坚实基础。

五、西部陆海新通道

西部陆海新通道位于我国西部地区腹地，北接丝绸之路经济带，南连 21 世纪海上丝绸之路，协同衔接长江经济带，在区域协调发展和畅通国内国际双循环中具有重要战略地位。近年来，西部陆海新通道在共建“一带一路”、推进新时代西部大开发形成新格局中发挥了重要作用，并实现与中欧班列的无缝对接，有效保障了我国外贸产业链和供应链顺畅运转，共同有力推动国内国际双循环，并为全球防疫物资运输和国际防疫合作提供了运输支撑。

2021 年，西部陆海新通道全年开行 6 117 列，发送 57 万标箱，同比分别增长 33%、57.5%。“一口价”线路增至 79 条，同比增长 80%。开行频次加密提升，全年日均开行 22 列。联通范围不断扩大，截至 2021 年底，西部陆海新通道班列联通 13 省 47 市 91 个站点，较去年增加 39 个。西部陆海新通道铁海联运、国际联运班列目的地已覆盖新加坡、德国等全球 96 个国家和地区的 264 个港口。

中国国家铁路集团有限公司不断优化完善区域路网布局，有序推进西部陆海新通道货运基础设施和客运通道等重点项目实施，提供可靠运力保障，为推进西部陆海新通道班列高质量发展注入了强劲动能。大力推进西部陆海新通道项目建设，先后完成黎钦、南防铁路扩能改造，广西沿海铁路大通道全部实现电气化；建成钦州港铁路集装箱中心站，年装卸能力由 15 万标箱跃升至 105 万标箱；北部湾港口铁路专用线增至 110 条，打通铁海联运“最后一公里”；南昆铁路南宁至百色段增建二线、焦柳铁路电气化改造等工程竣工，有力提升了北部湾港口后方集疏运能力。中国国家铁路集团有限公司倡议成立西部陆海新通道班列运输协调委员会，搭建公共运输协调平台，统筹各方资源，开展协同服务，着力解决货源组织、物流衔接、商务创新等班列发展关键问题，降低全程物流成本；以打通西部陆海新通道服务“最后一公里”为目标，主动对接政府、港口，做好西部陆海新通道建设发展规划，科学有序统筹推进项目规划和建设，推动西部陆海新通道逐步实现从“主动脉”到“毛细血管”全面畅通。

第三节　提升铁路货运服务质量建议

国家“十四五”规划多处提到物流和供应链，涉及国民经济的方方面面，全方位、多角度勾画出现代物流体系建设蓝图，铁路货运日益成为支撑实体经济发展的先导性、基础性、战略性产业。新一轮扩大内需战略重在围绕做大做强国内市场，把满足国内需求作为出发点，加快构建完整的内需体系，着力打通生产、分配、流通、消费各个环节，增强经济内生动力，这对与内需相适应的铁路基础设施和服务能力都提出了更高要求。综合分析铁路 2021 年货运发展，需要从多式联运、铁路走出去、快件运输等多环节进一步持续发力，努力推进铁路货运高质量发展。

一、多式联运仍需向纵深推进

1. 存在问题

一是基础设施衔接难。当前，我国跨方式基础设施统筹规划和建设协调依然不足，枢纽站场“连而不畅”“邻而不接”等“最后一公里”问题依然突出。例如，欧美 4 大港口（纽约港、洛杉矶港、安特卫普港、汉堡港）铁路装卸线均在 30 条以上，而上海洋山港尚未通铁路，深圳盐田港仅有少量装卸线，枢纽站场集疏运效率低，功能衔接亟待加强。

二是聚焦服务规则对接难。相比基础设施衔接问题，多式联运服务规则、技术标准、法律法规等“最后一厘米”的软条件制约日益凸显。服务规则方面，如铁路与海运行业对于货物运输管理规定不一致，导致运输方式之间衔接不畅；技术标准方面，如基于 45 英尺内陆集装箱的内贸多式联运体系尚未建立，跨方式运输装备不适应新体系；责任划分方面，还需要依据铁路、公路、水路、航空等各种单方式运输的相关规定，在跨方式责任问题上还存在无所适从的状态。

三是聚焦信息数据联通难。由于部门间、方式间、企业间、区域间多式联运信息互联共享机制不健全，运输企业信息开放程度不一，“信息孤岛”“数据断链”现象较为普遍。当前，综合货运枢纽发展还存在“设施孤岛”“信息孤岛”“业务孤岛”现象，在交通运输部支持建设的250余个综合货运枢纽中，具有多式联运功能的项目仅占1/4左右，一体化、网络化服务能力有待提升。

2. 相关建议

一是推动铁路专用线深入码头堆场并配足到发线和装卸线，加快专用线进港区、厂区、园区等针对性举措。加快疏港铁路建设，推进港口大宗货物“公转铁”“公转水”，提升沿海港口枢纽型港区、长江和西江干线内河主要港口集装箱港区铁路进港率，大力发展江海直达和江海联运，加快推进多式联运发展。积极推进京津冀及周边地区运输结构调整示范区、晋陕蒙煤炭主产区运输结构调整示范区、长三角、粤港澳港口群运输结构调整示范区建设。通过运输结构调整，减少不合理的公路运输，实现铁路和水路货物运输量快速提升。二是推动建立与多式联运相适应的规则协调和互认机制，研究制定不同运输方式货物品名、危险货物划分等互认目录清单，深入推进多式联运“一单制”，加快完善法规标准体系，为进一步规范综合运输管理规则提供解决方案。三是加快推进信息资源共享作为重点任务之一，加快推动公共信息资源有序开放，推动铁路企业与港口、物流等信息对接互联。四是由“部门助推”向“合力共推”转变。多式联运建设发展涉及城市规划、土地利用、环境保护、市政配套、交通管理等多领域多部门，规划发展更需要从系统视角统筹好区域内的枢纽港站、线网、信息等各类要素。推动多式联运发展应强化部门间、区域间、领域间以及央地政府间、不同交通方式管理部门间的相互协作，在充分发挥市场在资源配置中起决定性作用的基础上，更加注重发挥地方政府在枢纽规划布局、综合协调、规范发展等方面的能动性，强化各部门协调联动，形成工作合力，助推多式联运的健康可持续发展。

二、铁路快件运输仍需不断探索前行

1. 存在问题

一是列车开行时间与快递企业集货时间冲突，造成流程对接不畅，实际时效不高。按照列车封门及开行时间，会缩短快递企业各网点集货时间、降低集货量，造成列车空仓并赶不上列车发车时间，导致快递企业自行组织网络资源运输快件。高铁快递必须在天窗维修时间运行，影响了高铁快递运输组织效率。

二是铁路货运的操作场地及设施设备落后，造成环节中断、费用庞杂，成本和效率难以满足快递要求。铁路货场基础设施欠缺、不完善，高铁站附近的高铁快运集散中心匮乏，导致铁路运输快递费用庞杂，涉及铁路货运运费、场地使用费及装卸费、铁路场站短驳费等多个方面，造成库到库的费用较公路运输而言高出许多，如京沪流向铁路库到库费用比公路高 117%，京莞流向高 81%。此外，与快递的标准化计费方式不吻合。

三是安全标准不统一，造成重复安检。铁路实行的“二次安检”要求将快件总包运送到铁路货站后，仍需由铁路工作人员重新进行安全检查，发现禁运物品返还给快递企业，转由其他运输方式运送，造成时间损耗和效率损失。

四是信息系统不对接，造成信息中断。铁路信息系统收集的相关列车信息无法传递到快递信息系统，用户只能通过快递信息系统查询快件两端状态；快件在铁路运输企业站到站运输过程中的位置、时间等信息对快递企业及收寄件人是个“黑匣”，用户无法实现快件信息即时查询和追踪。

五是铁路服务及制度建设不健全，造成规范化、标准化作业难以实现，与快递网络一体化、产品标准化特点不吻合。高铁快运需要提供站台装卸、节点分拨、两端接取服务，货物到达站台后，需要提供节点分拨、转运、配送等服务。目前无类似货运班列的行包运输服务，对批量化开展快件高铁运输构成障碍。针对高铁快运所涉及的货物重量、操作流程、安全标准、运价制定、列车摆放、站台作业管理等，中国国家铁路集团有限公司尚未形成统一的、完善细致的指导政策及管理办法，导致下属 18 个铁路局集团公司实践中不确定性较强，不利于高铁快运的标准化作业。

2. 相关建议

一是推动高铁快递基础设施建设。依托铁路网，强化快递基础设施融合对接。推动地方政府统筹规划、开发建设既有铁路站场及毗邻地区，完善交通组织，增强铁路站场和周边地区的承载能力和服务功能。实施高铁车站货运改造工程。在高铁车站内构建“货运侧”功能区，新增高铁快递业务受理网点、快递行包房等设施，满足业务受理、快件交接、暂存等功能。鼓励在铁路站场毗邻区建设高铁快运集散中心。新建装卸站台、分拨仓库、集装箱场站、综合物流通道、货车停车场等设施，满足快件集货、分拣、安检以及“高铁＋公路”无缝转运需求。二是布局快件铁路运输“点—线—通道”建设。运输网络的覆盖和联通度取决于“点—线—通道”的设计和布局。通过流量流向统计分析，在路线基础、时限保障、运量保障等测算基础上，选择京沪、京广、杭广等重点线路打造快件高铁货运示范线，加密既有京沪、沪深、京广、杭广电商班列。三是优化快件铁路运输组织模式。优化货运班列运行组织。适当调整开行时间，缩短班列开关门时间与始发终到时间的差距，合理安排交货、装卸、安检等作业时间。结合快件运输流量流向特点，合理增加经停站，延长站停时间。推动形成高铁货运体系。推动客货共线、独立运行模式，即高铁快运与高铁客运实现错时段、错区域高峰运行。优化运输方案，利用打造物流基地、建设集装箱物流中心等方式，拓展装车站点规模，逐步实现点对点运输。创新货物运输服务，完善高速铁路运输申报预定，设计高速铁路货物运输综合服务系统与货物运力配置系统等，实现高速铁路货物运输管理信息化。四是着力解决交接操作难题。合理制定安检标准、作业流程、信息对接等标准规范。简化“二次安检”，规范双方在安检操作、交接手续、总包码放、装卸车、异常处理、信息交换等作业内容。深化信息对接共享，推动制定快件铁路运输相关信息系统标准和规范，协调铁路与邮政快递企业间信息对接，推动快件铁路运输公共信息系统建设。五是促进配套设备升级及科技跃升，推动高铁快递运载装备专业化。大力发展高铁快运仓、快递专用车厢、冷链车厢等专业装备，统筹考虑快件铁路装卸、转运要求，更新车辆、安检设施和信息系统等。六是推进铁路和快递企业深度合作。鼓励邮政快递企业与铁路运输企业深度合作，实现资源与优势互补。鼓励快递网络叠加交通出行票务业务，推进双方业务创新和信息互通。鼓励快递企业参与铁路货运改革，打造综合铁路快运物流运营商。

三、铁路走出去仍需加深沟通协调

1. 存在问题

一是跨境铁路投融资风险加剧。随着贸易保护主义抬头，特别是中美贸易摩擦加剧、地区局势紧张，跨境铁路建设投融资环境风险加剧，投融资压力及收益风险凸显，对铁路“走出去”进程产生影响。

二是政策、技术、法律准入壁垒仍然普遍。中国铁路“走出去”一直面临相关的市场准入、劳工制度、环境保护、工程承包、知识产权、标准认证、政策法规等方面的不同要求，造成了国际市场准入障碍和技术壁垒。

三是中欧班列部分通道运能紧张。随着中欧班列运量持续快速增长，主要换装站(口岸站)能力趋紧，成为运量增长和通道畅通的主要制约点。中欧班列通道布局亟需进一步强化，班列沿线集散能力和物流服务水平仍需进一步提升。

2. 相关建议

一是加强政策规则标准对接。在铁路合作组织、上海合作组织铁路部门负责人会晤、联合国亚太经社会铁路工作组、国际铁路联盟等国际组织和多边机制内加强铁路国际联运相关政策、规则、标准合作对接，积极推动简化跨境、运输便利化、规则标准统一等工作。二是推动物权凭证问题研究。做好铁路合作组织物权凭证问题调研，协调各方积极研究铁路运输中的物权凭证问题。三是推动电子运单发展。协调相关国际铁路组织优化国际铁路联运运单格式及功能，推动以运单为基础的电子数据交换，支持将运单作为海关过境报关单。四是持续推动铁路标准国际化。推进边境口岸铁路无线电频率国际申报与保护。积极参加国际标准化活动，持续做好铁路标准外文译本翻译工作，推动标准“软联通”，服务中国铁路“走出去”。五是协调保障中欧班列境外运行畅通。加强中欧班列沿线和主要堵点的信息收集，适时开展中欧班列境外段运营情况调研，开展风险分析。发挥好“一带一路”安保协调小组平台和外交部门作用，做好中欧班列安全防范和风险化解。在多双边合作机制下，协调推动境外场站、海外仓、物流园区、分拨集散中心等基础设施建设，积极研究完善中欧班列境外运输新径路。六是推动中欧班列市场良性发展。从服务质量和运输安全入手，加强中欧班列境内运输监管，推动建立公平公正、统一规范的铁路运输市场秩序，保障中欧班列运行安全稳定，物流供应链畅通高效，运输市场健康发展。

第四章 2021 年中国铁路建设及装备状况分析

在以习近平同志为核心的党中央坚强领导下，铁路行业深入学习贯彻习近平总书记对铁路工作的重要指示批示精神，落实党中央、国务院决策部署，坚持稳中求进工作总基调，弘扬铁路服务国家战略的优良传统，攻坚克难，科学有序推进铁路建设，安全优质完成 2021 年各项任务，在路网建设、技术装备等方面取得了重大进展，为落实中央“六稳”“六保”决策部署、服务构建新发展格局作出了重要贡献。

第一节　铁路建设现状分析

2021年，党中央高度重视铁路发展，保持铁路建设投资强度。铁路行业聚焦国家重大战略部署，科学配置建设资源，有序推进铁路规划建设工作，“八纵八横”高铁网基本成形，路网规模增长速度保持世界第一，中西部路网布局更加完善，铁路对外互联互通和国际合作进一步加强。

一、铁路基础设施网络愈加完善

根据《中华人民共和国2021年国民经济和社会发展统计公报》、国家铁路局官网及中国国家铁路集团有限公司官网数据，全国铁路完成固定资产投资7 489亿元，其中国家铁路完成6 616亿元；投产新线4 208 km，其中高铁2 168 km；全国铁路营业里程突破15万km，其中高铁超过4万km；全国铁路复线率59.5％，电化率73.3％；西部地区铁路营业里程6.1万km。全国铁路路网密度156.7 km/万km^2。国家铁路营业里程13.1万km，复线率61.9％，电化率75.4％。

（一）高铁保持快速发展

2021年，中国高铁投产新线2 168 km，高铁总里程超过4万km，较上一年增长5.7％，从1月22日京哈高铁京承段通车，到12月30日京港高铁安九段正式开启商业运营，中国铁路先后建成高速铁路10条。按时间顺序分别为京哈高铁京承段、徐连高铁、绵泸高铁内自泸段、朝凌高铁、张吉怀高铁、沈佳高铁牡佳段、京港高铁赣深段、沈佳高铁白敦段、日兰高铁曲庄段和京港高铁安九段。在这些线路中，有打通出入东北新通道最后一程的京哈高铁京承段，也有串联东北边陲东边道的沈佳高铁牡佳段、白敦段；有南北高铁新动脉的京港高铁赣深段、安九段，也有组成东西动脉的徐连高铁；有构成城市圈中快速通道的绵泸高铁内自泸段，也有联络干线或起到路网加密作用的朝凌高铁、张吉怀高铁等。其中，徐州至连云港高速铁路开通运营，我国“八纵八横”高速铁路网最长横向通道——连云港至乌鲁木齐的高速铁路全线贯通；京港高铁安庆至九江段开通运营，我国“八纵八横”高铁网京港（台）通道商丘至深圳段全部贯通。高铁线路的开通运行，极大促进了区域间互联互通和区域经济社会发展，为国计民生的发展做出了卓越的贡献。2016年—2021年高铁营业里程如图4-1所示。

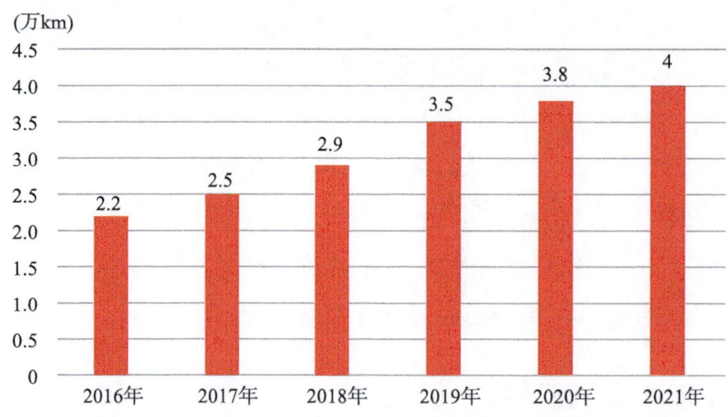

图 4-1　2016 年—2021 年高铁营业里程

（二）铁路网规模稳步增长

截至 2021 年底，全国铁路营业里程已达 15 万 km，稳居世界第二位，比 2016 年的 12.4 万 km 增加了约 2.6 万 km，铁路营业里程（图 4-2）增长速度保持世界第一。

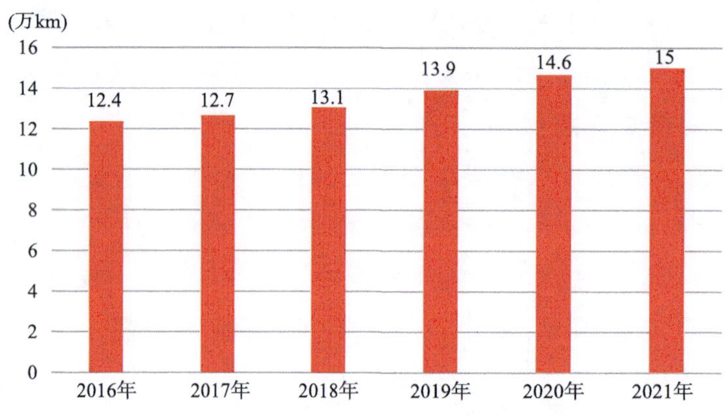

图 4-2　2016 年—2021 年铁路营业里程

2021 年铁路固定资产投资 7 489 亿元，自 2012 年以来全国铁路累计完成固定资产投资 7.7 万亿元（表 4-1），年均固定资产投资 7 695 亿元。

表 4-1　2012 年—2021 年铁路固定资产投资

年度	2012 年	2013 年	2014 年	2015 年	2016 年	2017 年	2018 年	2019 年	2020 年	2021 年
固定资产投资（亿元）	6 580	6 658	8 088	8 238	8 015	8 010	8 028	8 029	7 819	7 489

2021 年，全国地方铁路固定资产投资完成 872.32 亿元，比上年增加

297.3 亿元，增长 51.7%。全国地方铁路营业里程 1.92 万 km，其中高铁 5 739 km，复线率 42.9%，电化率 59.3%。

(三)铁路网布局更加完善

2021 年，铁路行业扎实推进老少边及脱贫地区铁路建设，全年完成投资 3 728.8 亿元，占铁路基建投资的 74.9%。随着兴泉铁路兴国至清流段、浦梅铁路建宁至冠豸山段等线路相继开通运营，江西东部的宁都、石城，福建西部的宁化、清流、明溪、大田、德化、永春等革命老区县正式接入全国铁路网。2021 年全年共有 25 个县结束了不通铁路的历史。

2021 年，西南地区铁路网络日渐紧密，川藏铁路实现全线开工建设；西藏首条电气化铁路拉萨至林芝铁路开通运营（图 4-3），复兴号动车组开进西藏、开到拉萨，历史性实现对 31 个省区市的全覆盖，不仅方便了西藏群众出行，也带动了沿线旅游、就业和产业快速发展。2021 年，西藏自治区地区生产总值突破 2 000 亿元，较上年增长 7%左右。

图 4-3　复兴号动车组飞驰在拉林铁路上

(四)铁路网质量持续提升

截至 2021 年底，高铁营业里程占全国铁路营业里程的比重（图 4-4）持续增加，占比达 26.7%，对铁路网整体质量的提升做出了重要贡献。

截至 2021 年底，全国普速铁路总里程达 11 万 km，全国铁路复线率为 59.5%，电气化率为 73.3%，铁路网整体质量持续提升。铁路复线、电气化率如图 4-5 所示。

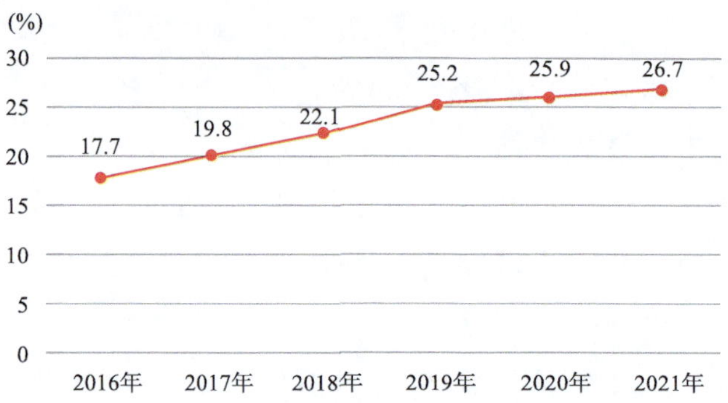

图 4-4　2016 年—2021 年高铁占全国铁路营业里程比重

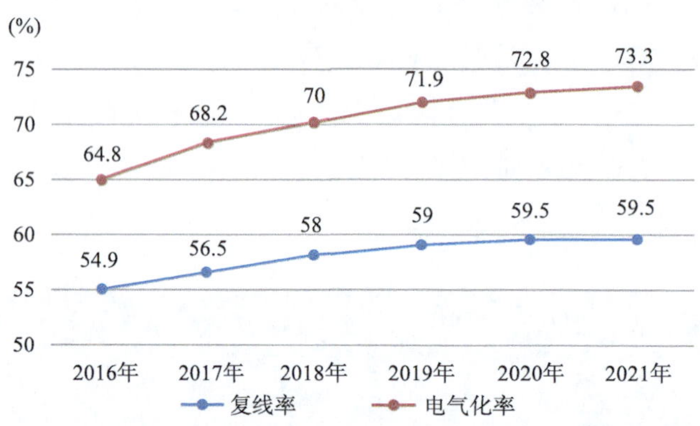

图 4-5　2016 年—2021 年铁路复线率、电气化率

（五）通道能力进一步提升

2021 年，多个口岸站和中欧班列始发站进行扩能改造（图 4-6），增强既有

图 4-6　郑州铁路集装箱中心站增建第三线束工程完成竣工验收（王玮摄）

通道能力，全面提升中欧班列运输效率。广西沿海铁路大通道全部实现电气化、北部湾港口铁路专用线增至110条，基础设施网络愈加完善，不断为物流高效运输赋能提速。

二、铁路建设“走出去”成绩显著

(一)匈塞铁路

匈塞铁路是中国与中东欧合作的旗舰项目，也是共建“一带一路”的重点项目。线路连接匈牙利首都布达佩斯和塞尔维亚首都贝尔格莱德，全长350 km，设计时速200 km，是客货共用双线电气化铁路。

2021年3月22日，匈塞铁路塞尔维亚贝尔格莱德—诺维萨德段左线全线贯通，列车最高运行时速由原来的40～50 km提升至200 km。

2021年11月22日，匈塞铁路塞尔维亚境内诺维萨德—苏博蒂察—边境(克莱比奥)(以下简称匈塞铁路塞尔维亚诺苏段)开工典礼，在塞尔维亚诺维萨德市举行(图4-7)。这标志着匈塞铁路项目取得重大进展。匈塞铁路塞尔维亚诺苏段线路全长108.1 km，为既有单线电气化铁路增建第二线并进行提速改造，建成客货共线双线铁路。

图4-7 匈塞铁路贝诺段举行通车仪式(图自中国驻塞尔维亚大使馆)

匈塞铁路是中塞匈三国务实合作取得的重要成果。项目建成通车后，将改善沿线居民出行条件、促进经济社会发展、加强匈塞两国互联互通、扩大经贸合作交流，对深化中欧互利合作、促进共建“一带一路”倡议与欧洲发展战略对接，具有十分重要的意义。

（二）雅万高铁

印度尼西亚雅加达——万隆高铁项目是中国境外首条采用中国标准和技术合作建设的时速 350 km 的高速铁路。项目线路正线全长 142.3 km，全线设计 4 座车站，由中国国家铁路集团有限公司所属中国铁路国际有限公司牵头的中方企业联合体与印尼企业联合体采取合资、合作建设和管理方式建设和运营。

2021 年，雅万高铁进入全面施工推进阶段：

2021 年 3 月 8 日，印尼雅万高铁全线最大跨度 DK20＋156 连续梁安全精准合龙。

2021 年 4 月 30 日，印尼雅万高铁终点站——德卡鲁尔站主体土建工程成功封顶，标志着雅万高铁建设已进入全面冲刺阶段。

2021 年 5 月 18 日，印度尼西亚总统佐科前往雅万高铁施工现场，视察项目建设情况。

2021 年 9 月 21 日，随着最后一批钢轨运抵印度尼西亚芝拉扎港，中国高铁“整体出口”的“第一单”——雅万高铁建设所需的 3.81 万 t 钢轨全部完成出口运输。

2021 年 9 月 29 日，印尼雅万高铁 2 号特大桥上 24 联连续梁于 29 日全部完成施工，打通了 1 号梁场架梁通道。

2021 年 12 月 29 日，雅万高铁 CRTSⅢ型板式无砟轨道板首铺仪式在 2 号特大桥举行，标志着雅万高铁正式转入无砟轨道板铺设阶段。其中无砟轨道线路长 83.5 km。雅万高铁采用我国自主研发的 CRTSⅢ型板式无砟轨道系统，是我国这一自主知识产权技术在海外项目中首次使用。

雅万高铁建成通车后，雅加达到万隆的旅行时间将由现在的 3 个多小时缩短至 40 min，对助推印度尼西亚经济社会发展、深化中国和印尼经贸合作、促进“一带一路”建设具有十分重要的意义。开工现场如图 4-8 所示。

（三）中老铁路

中老铁路为电气化客货运输铁路，北起中国云南昆明，南至老挝首都万象，线路全长 1 035 km，设计时速 160 km（部分区段预留时速 200 km 条件）。该铁路是第一条采用中国标准、中老合作建设运营，并与中国铁路网直接连通的境外铁路。中老铁路作为中国“一带一路”倡议与老挝“变陆锁国为陆联国”

图 4-8　雅万高铁开工现场（图自中国国家铁路集团有限公司官网）

战略对接的重要项目，是联通中老两国的重要基础设施，也是泛亚铁路重要组成部分，对方便沿线民众出行、促进沿线经济发展、带动区域产业提升具有重要意义，同时对加快泛亚铁路建设、实现"一带一路"沿线国家设施联通、加强中国与东盟国家合作具有重要推动作用。世界银行 2020 年报告显示，中老铁路的开通将使万象至昆明之间的运输价格下降 40%至 50%，中老铁路将使老挝的总收入提升 21%。

2021 年 11 月底，中老铁路具备了依法、安全、高质量开通的条件。12 月 3 日，中老铁路通车。截至 2021 年底，中老铁路累计发送旅客超 60 万人次，发送货物超 15 万 t，呈现客货运输两旺态势，有力激活了沿线经济，加速形成中国与东盟间物流新通道，为改善两国民众出行条件、畅通国内国际双循环、促进中老经济走廊建设发挥了积极作用。

自《区域全面经济伙伴关系协定》正式实施起，中国与东盟之间的经贸往来更加密切。中老铁路运输时间短、物流成本低、安全性强、绿色环保等优势将进一步释放，在中国和东盟间构建起一条便捷物流通道，为中国和东盟间经济贸易合作注入了新动能，让更多企业享受中老铁路带来的机遇和红利。图 4-9 为磨憨铁路口岸对外开放通过国家验收。

图 4-9　磨憨铁路口岸对外开放通过国家验收（图自人民铁道网）

三、工程建造技术不断创新

2021 年铁路行业在高速铁路建造技术、桥梁修建技术、隧道与地下工程修建技术、施工装备及工业产品制造技术、节能减排及其他新领域技术、智能制造及信息化技术等领域不断创新，攻克了多项技术难题，取得了一系列成就，铁路建造技术获得国家科技进步奖、国家技术发明奖、中国专利奖等多项国家级重大奖项。相继建成了椒江特大桥、泉州湾跨海大桥、杨梅隧道、汕头海湾隧道、济南黄河隧道等一大批高难度、创纪录的大规模工程项目。

(一)基础设施建造技术转型升级加快

2021 年铁路行业在基础建设方面持续发力，取得了建设技术的进一步突破。其中：

桥梁建造技术方面，突破了特殊地质与水文条件下大直径、超长钻孔桩旋挖钻施工技术，主梁大节段吊拼、主跨大节段悬拼技术等难题。建成国内首个双向四线高铁斜拉桥——椒江特大桥（图 4-10）、世界首座高铁跨海大桥——泉州湾跨海大桥（图 4-11）。

- 大桥主航道桥全长 962.7 m，主塔高 190 m。桩基最大钻孔深度 143.6 m，是目前国内铁路桥梁钻孔最深的桩基础。
- 2017 年 12 月开工建设，2021 年 4 月主梁合龙。

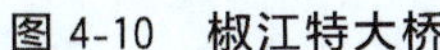

图 4-10　椒江特大桥

- 大桥全长 20.29 km，有 9 km 跨越泉州湾中部海域。
- 2021 年 11 月 30 日，泉州湾跨海大桥成功实现全桥贯通。
- 泉州湾跨海大桥是世界首座设计时速 350 km 的跨海高铁斜拉桥，标志着我国高铁从只能在陆上行驶迈入可以跨海行驶的新时代。

图 4-11　泉州湾跨海大桥

隧道建造技术方面，克服了穿越地上悬河防水技术、钙质结核和粉质分布不均、岩爆、高地热等技术难题。隧道施工智慧管理技术、施工综合监控管理系统和施工数据整合技术更加成熟，进一步提升我国隧道建造能力和施工水平。建成了“万里黄河第一隧”济南黄河隧道(图 4-12)，该隧道是中国最大直径公轨合建盾构隧道，也是人类历史上首次对地上“悬河”进行隧道穿越。建成了被誉为“世界超级工程”的汕头海湾隧道（图 4-13），汕头海湾隧道是我国最大直径越海盾构隧道，也是我国第一条地处 8 度抗震设防烈度区的超大直径海底盾构隧道。

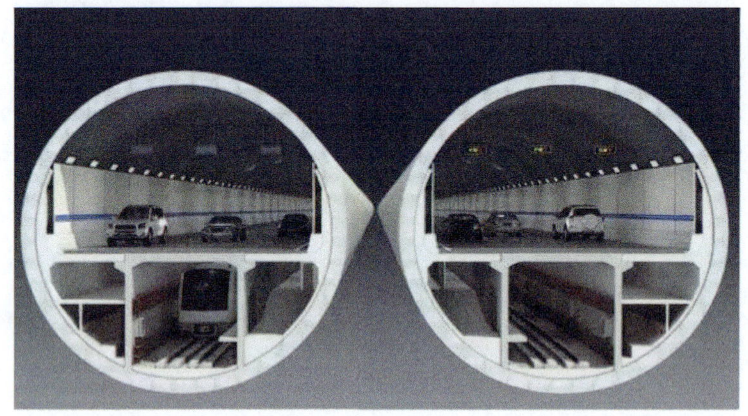

- 济南黄河隧道是中国最大直径公轨合建盾构隧道，隧道上层为双向六车道城市主干道，下层为双向二线城市轨道。
- 从 2017 年 11 月开工建设，于 2021 年 9 月开通运营。

图 4-12　济南黄河隧道

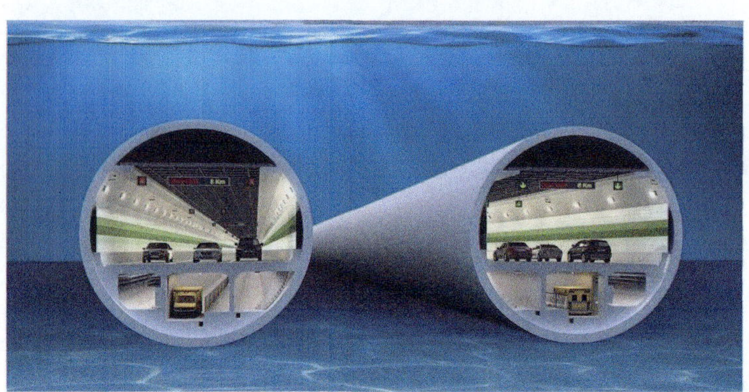

- 汕头海湾隧道是国内首条采用超大直径盾构穿越复杂地层的海底隧道，项目全长 6.68 km，隧道长 4.95 km。
- 从 2016 年 11 月开工建设，于 2021 年 9 月通车试运营。

图 4-13　汕头海湾隧道

（二）智能绿色建造技术得到高效广泛应用

1. 大体积混凝土智能温控系统

自主研发的大体积混凝土智能温控系统通过智能温度传感器对混凝土温度进行实时自动检测，通过无线网络将数据传输至云平台，依托云平台内置温控数据分析处理算法，智能判断混凝土温度状态，自动向智能温控室的调控设备发出指令，调节分布在大体积混凝土结构中冷却水管的通水流量，确保大体积混凝土各处温度均衡，升降温速率控制在规范要求内，减小温度应力，防止裂缝产生。智能温控系统弥补了传统温控中数据人工测量记录有误差、记录频次低、调控误差大、调控速度慢、数据难分享等不足。

2. 耐候钢抗腐技术走在国际前列

高铁工程结构的抗腐蚀标准是百年抗腐，但在沿海地区高盐高湿的气候环境下，依靠在钢铁表面刷漆的传统防腐方式，很难达到这一标准。耐候钢是世界超级钢技术前沿水平的系列钢种之一，通过往钢材中加入微量镍元素，让钢材自身生成致密稳定的钝化锈层，阻止氯离子的渗透，实现"以锈治锈"的长效防腐效果。福厦高铁泉州湾跨海大桥采用了国内自主研发的耐候钢新型材料，使大桥不仅实现了免涂装，还无需设置除湿系统，是全球首座采用免涂装耐候钢的大型跨海工程。

3. 智能技术推动安全建设

大数据、BIM、物联网技术、信息技术等智能技术的应用为施工创造了安全稳定的条件，"科技强安"有了更加坚实的落脚点。架桥机同步顶推系统、应力应变自动检测预警系统为桥梁架设设备安全提供保障；雷达自动扫描检测预警系统的引用能够最大程度避免船舶违规穿行施工区域，确保施工和通行安全；隧道管片智能化自动生产线，实现了管片和箱涵预制生产全过程监控、二维码"身份"信息验证、质量终身可追溯，保证了产品质量；智能机械化施工体系为机械设备安装了"智慧大脑"，通过信息化智慧管理平台，建立现场感知模块，形成"机械化＋智慧大脑"施工管理模式。

第二节 铁路运输装备现状分析

2021年，铁路运输装备技术持续发力，实现了众多产品从开发到应用的重大跨越。铁路装备不断开拓国际市场，高端效应更加明显，出海产品种类日益丰富、市场区域不断拓展；具备自主知识产权的智能化高速列车控制系统和重载列车移动闭塞技术体系投入使用；构建了具备完全自主知识产权的动车组产品谱系，时速160 km至350 km"复兴号"动车组全面投入使用；完善了市域列车产品谱系；中低速和高速磁浮交通系统都取得了实质性突破；节能环保型内燃机车和新能源混合动力机车也成功应用。

一、装备配备品质持续提升

根据国家铁路局官网及中国国家铁路集团有限公司官网数据，2021 年全国铁路机车拥有量为 2.17 万台，其中内燃机车 0.78 万台，占 35.9%；电力机车 1.39 万台，占 64.1%。全国铁路客车拥有量为 7.8 万辆，较 2020 年增加 0.2 万辆，其中动车组 4 153 标准组、33 221 辆。全国铁路货车拥有量为 96.6 万辆，较 2020 年增加 5.4 万辆。国家铁路机车拥有量为 2.09 万台，其中内燃机车 0.74 万台，占 35.4%；电力机车 1.35 万台，占 64.6%。国家铁路客车拥有量为 7.6 万辆，较 2020 年增加 0.2 万辆，其中，动车组 4 012 标准组、32 097 辆。国家铁路货车拥有量为 89.2 万辆，较 2020 年增加 3.5 万辆。

2021 年，铁路设备制造企业制造电力机车 391 台、内燃机车 295 台、货车 41 878 辆、客车 684 辆、动车组 182 标准组、清筛机 4 台、捣固车 65 台、配砟车 9 台、稳定车 6 台、其他车型 7 台。

二、铁路装备出口品类持续拓宽

2021 年，在国际环境复杂多变、行业竞争加剧的背景下，铁路装备制造企业以“一带一路”倡议和国际产能合作为契机，全力开拓国际市场，高端效应更加明显，出海模式日益丰富，实现了产品种类、市场区域、输出模式的全新突破，成功进入卢森堡、希腊、科特迪瓦等新市场，斩获多个国家和地区的新订单。铁路装备“走出去”模式不断成功实践，实现市场可持续拓展。

铁路装备出口类型更加丰富多样。在铁路机车车辆方面，新造电力机车出口 41 台，新造内燃机车出口 42 台，新造货车出口 3 147 辆，新造客车出口 72 辆。在铁路大型养路机械方面，清筛机出口 2 台，捣固车出口 20 台。其中，我国对外出口动车组车型越来越丰富，“澜沧号”动力集中动车组助力中老铁路开通；为雅万高铁设计生产了以复兴号 CR400AF 为原型的动车组列车；为智利国家铁路运营商 EFE 设计制造动车组列车；为马来西亚研制时速 120 km 混合动力米轨动车组；向欧洲出口我国自主研制的满足欧盟铁路互联互通技术规范（TSI 标准）的双层动车组。不断丰富的海外动车组订单，表明我国铁路装备制造业已经形成可以适应复杂国际市场的设计和制造能力。铁路装备出口逐步形成覆盖制造、维修、养护全生命周期的发展模式。

三、列车控制系统不断升级

2021年，我国几大骨干高铁列控企业自主研发的高速铁路列车自动驾驶(ATO)系统顺利通过技术评审。高铁ATO技术研究历时4年，经历了系统方案及规范研究、方案评审、系统研发、安全认证、第三方室内测试、实验评审、京沈现场测试、试用评审、京沈高铁载客试用考核等阶段，完成了高速铁路ATO系统成套技术装备研制，是中国铁路的重要技术成果。该系统建立了具有自主知识产权的中国高速铁路ATO技术体系和成套技术标准，构建了基于多目标优化策略的高速列车控车算法与模型，全面提升了控车舒适度、停车精度、节能降耗等性能指标，在全球范围内首次实现时速350 km高速列车自动驾驶，此次正式通过技术评审，标志着该系统具备大范围商用条件，是高铁装备智能化的重要标志，为我国智能高铁装备发展提供了核心技术保障。

2021年6月19日，我国采用移动闭塞技术体系的重载铁路成功发车运行，标志着我国重载铁路技术实现重大突破性进展。重载铁路移动闭塞系统经过8年技术攻关和自主创新，成功攻克了超长移动体安全制动模型、基于北斗卫星的列车再定位技术、编组站连续发车能力提升技术、不同闭塞制式动态切换技术、多质点列车完整性检查技术、行车许可多重可信计算技术、智能运维健康管理技术、多传感器信息融合技术等八大核心关键技术，填补了我国重载铁路移动闭塞技术领域的空白，大幅提升重载运输自动化水平。

四、装备制造技术持续领先

(一)动车组车型更加丰富

2021年6月25日，拉林铁路正式开通，“复兴号”高原双源动力集中动车组在拉萨火车站首发运行，标志着“复兴号”动车组首登雪域高原，实现对31个省区市的全覆盖。高原双源动力集中动车组采用国际首创的内、电双端双控策略，可根据运用需求切换内燃、电力动力模式控制运行，且具备内燃、电力协同牵引能力，涵盖动车组操纵一体化、供电一体化、保护一体化、信息一体化、运维一体化及系统功能自动唤醒、应急自救援、运行状态健康管理等多项国际先进控制理念，极大程度地提高了动车组运行的稳定性和可靠性，整体设计达到了国际领先水平。

2021年1月22日，京哈高铁北京至承德段开通运营，京哈高铁全线贯通。时速350 km CR400AF-G新型复兴号高寒动车组首次投入商业运营。CR400AF-G

型动车组在 CR400AF 型动车组基础上进行了高寒适应性优化，具有耐高寒、防冰雪的特殊技能，能在零下 40 ℃的低温环境下以时速 350 km 高速行驶，堪称“最抗冻”动车组，被称为“高寒版”复兴号。一是采用耐低温钢材及型材，使机械结构得到强化，避免脆裂；二是密封保温设计，优化冷凝水及低温防护方案避免出现冰冻危害；三是网络控制系统、传感器采集模块等低温启动性能优化，使用能适应低温启动的元器件，车内配电柜采用微米级陶瓷防结露涂料，确保配电安全；四是动车组具有车轮防滑、防抱死功能，避免冰雪天气行车时车轮打滑。

（二）机车制造更加多元

2021 年 1 月，我国首台氢燃料电池混合动力机车在大同下线，标志着我国铁路机车氢能利用方面取得关键技术突破。此台 700 kW 氢燃料电池混合动力机车为适应站场或其他短距离运输（如机务段、车辆段、编组站、工矿企业等）使用环境而设计的四轴机车，采用动力蓄电池＋氢燃料电池系统的混合动力方式供电，并能对制动能量进行回收利用，可实现机车的绿色和节能运行。与传统燃油和电力机车相比，氢燃料混合动力机车不仅更加安全环保，而且运行噪声小、成本低，维护也更加便捷。试验运行数据显示，氢燃料混合动力机车氢燃料电池的能量转换效率是传统内燃机组的 1.7 倍。在相对密闭的地铁、隧道、矿山等环境下比传统内燃调车机车降噪 18 dB 左右。氢燃料电池对环境无污染，电化学反应只产生水和热，环保性是最大优点。

2021 年 11 月，氢燃料电池混合动力机车（图 4-14）顺利试运行，开创了中国铁路牵引动力改革的先河，在国家大力落实“双碳”目标的形势下，具有重大里程碑的意义。氢燃料电池混合动力机车的应用也为中国铁路机车装备领域

图 4-14　氢燃料电池混合动力机车

更新换代提供了新的思路，有巨大的发展空间。

2021年4月，时速160 km智慧型市域A型车在成都最新亮相，车辆采用A型铝合金车体，能够按运量需求灵活编组，8辆编组最大载客量可达2 956人，将为成都市1小时通勤圈的构建和区域一体化发展助力提速。新型市域动车组首次采用与中国高铁复兴号同款的高强度车体断面结构以及流线型车头设计和噪声防控技术，车头阻力系数降低9%，客室高度优化至2.2 m，高速运行时车内平均噪声70 dB。同时列车采用为市域车量身定制的大轴重转向架以及成熟可靠的牵引系统，轻量化程度达到行业领先水平，能够为列车提供更大的载客容量，并能适应快起快停的市域运输需求。车辆采用最高等级自动驾驶技术，赋予车辆自动唤醒、自动启停、自动回库等智能行车功能，同时应用了车—车通信技术，实现车辆自适应、自感知。列车还在行业内首次设置自动升降的司机台，在无人驾驶时可以隐藏在车内，使列车充满现代感。车辆设置有智能化整车控制系统，实时监控车辆牵引、制动、弓网、蓄电池等关键系统的状态，并设置主动障碍物检测系统和辅助防撞系统，可对车辆状态进行实时识别判断。车辆设有智能的人机交互系统，乘客在乘车时可在线查询交通信息或观看视频直播，享受车地一体的智能服务。列车采用5G大容量通信技术，实现车地信息传输的多网融合，利用前沿的信息交互融合技术、视频智能分析技术，实现旅客信息的精准推送。车辆设置有列车智能环境感知系统，能够自动调节客室温度、亮度以及车辆内外压力差，提升旅客乘坐的舒适感。通过设置空气净化装置及传感器，能够全方位监测、控制和改善车内空气质量，为长时间的乘车提供健康保障。车内设置有大件行李柜、双曲面旅客信息显示屏，提供人性化的乘车服务。

2021年9月，FXN3B型3 000马力节能环保调车内燃机车(图4-15)完成机车低恒速试验，该机车采用内燃机和动力电池两种混合动力的方式，动力电池在机车停轮待命或低功率牵引时为整机供电，减少柴油机工作时间，大幅降低整车的油耗和排放。据运用数据表明，该机车同既有在段运用的同类型调车机车相比，最高可实现节油27%，每日减少柴油机工作时间19 h，其环保性能较为突出。该机型装用电池电量为184 kW·h的钛酸锂动力蓄电池，最大放电功率180 kW，最大充电功率400 kW，电池不仅能在−40 ℃环境下进行工作，充满电只需20 min，提升了电池的运用率。蓄电池具有安全性高、最大充电放电倍率高、低温性能好、运用率高的特点。蓄电池装置采用水冷方式，在极限工况下单体电池温度温差不超过5 ℃，使用10年仍可保证容量不低于初始容量的90%，电池具有使用寿命长的特点。电池系统满足SIL4（Safety Integrity Level4）等级安全认证，满足铁道行业标准及相关试验要求，并在通信、信息采集及安全设计方案有一定的前瞻性。

图 4-15　FXN3B 型 3 000 马力节能环保调车内燃机车

2021年9月，具有完全自主知识产权的时速160 km至200 km的未来都市快轨列车下线(图4-16)。该列车融合虚拟编组、自我感知、绿色制造、主动安全等关键技术，具有“科技、人文、绿色、智能”的特点，满足人们对未来出行的美好期待。列车关键技术运用有如下几点：(1)灵活编组。列车采用全自动无人驾驶技术，通过SG技术的应用，建立车与车之间的实时通信，实现列车间的虚拟编组、灵活混跑，也可以通过车钩的主动伸缩功能，实现列车在站台载客情况下的连挂和解编，满足高密度公交化运营模式，为未来智慧城市提供全天候、全人群、全过程的优质服务。(2)“弓”系轻量化转向架。列车装用了首次研制、具有完全自主知识产权的轨道车辆“弓”系轻量化转向架，具有全装配、无焊接结构、多级刚度、挠性构架、永磁直驱与内置轴箱结合、主动智能等显著技术特点。(3)低碳绿色技术。全列车材料可回收再利用率可达96%，首次应用CO_2制冷剂智慧空调系统，解决了CO_2制冷剂在高速列车空调机组应用中体积大及压力控制复杂的技术难题，使列车更为绿色环保、安全可靠、节能高效。(4)乘客体验技术。列车应用的智能感应光源、无线充电装置、区域风量调节系统等，实现人与列车的友好互动。通过红外线成像、大数据分析技术的应用，自动实现人脸、遗留物识别以及乘客计数功能，显示车内外乘客实时数据和状态。(5)安全技术。列车采用机器视觉技术、毫米波雷达技术、激光雷达多传感融合技术检测列车运行前方障碍物，实现主动防撞功能。

图 4-16　时速 160 km 至 200 km 的未来都市快轨列车

(三)磁浮交通全面发展

时速 140 km 中低速磁浮列车(图 4-17)。2021 年 7 月,时速 140 km 中低速磁浮列车在长沙上线运营,成为世界上首条按 140 km/h 投入商业运营的中低速磁浮线路。140 km 中低速磁浮列车的上线运营对常导短定子制式磁浮交通来说是一个技术飞跃,实现了多方面技术突破。一是在悬浮控制方面,常导短定子制式的磁浮列车在多种路况下实现了时速 140 km 的悬浮稳定性;二是在接触轨授流方面,在中低速磁浮交通领域,接触轨的适用时速从 100 km 提升至 140 km,首次在侧部授流接触轨系统中采用了全线无缝化处理来优化靴轨之间的关系,提高了接触轨授流的稳定性。中低速磁浮交通的此次提速,使其更具备了与轮轨制式的竞争优势,应用市场更加广泛。

图 4-17　时速 140 km 中低速磁浮列车

第七代时速 200 km 磁浮列车（图 4-18）。2021 年 8 月我国第七代时速 200 km 磁浮列车开始调试试验。列车创新采用“永磁同步中间驱动＋F 轨永磁电磁悬浮”技术，是中低速磁浮和高速磁浮技术的完美融合。该列车突破了空心长定子永磁同步中间驱动地面牵引、基于首尾冗余的全局全过程多分区运控、永磁电磁悬浮、碳纤维轻量化复合材料车体、悬浮架等多项关键技术，牵引效率提升 20%，悬浮能耗降低 60%，车体减重 30%，悬浮架减重 33%，载客量提高 20%，具有牵引力高、悬浮能耗低、转弯半径小（小于 100 m）、爬坡能力强（70‰）、运行噪声低等特点，是新一代灵活、轻捷、绿色、智慧型磁浮列车。该列车将为干线铁路网、城市群 0.5～2 h 交通圈加密、城市内部点对点运输提供新选择。

图 4-18　时速 200 km 磁浮列车

时速 600 km 高速磁浮列车（图 4-19）。2021 年 7 月，具有完全自主知识产权的我国时速 600 km 高速磁浮交通系统在青岛成功下线，标志着我国掌握了高速磁浮成套技术和工程化能力。时速 600 km 高速磁浮交通系统成功攻克了关键核心技术，系统解决了速度提升、复杂环境适应性、核心系统国产化等难题，实现了系统集成、车辆、牵引供电、运控通信、线路轨道等成套工程化技术的重大突破，具有高效快捷、安全可靠、运能强大、编组灵活、准点舒适、维护便利、绿色环保等技术优势。该磁浮交通系统对于打造我国高端装备产业新引擎，形成轨道交通领跑新优势，抢占科技竞争制高点加快构建现代化综合立体交通网、支撑“交通强国”“科技强国”战略具有重大意义。

图 4-19　时速 600 km 磁浮交通系统

时速 620 km 高温超导高速磁浮样车（图 4-20）。2021 年初，我国自主研发设计、自主制造的世界首台高温超导高速磁浮工程化样车下线，样车设计时速 620 km。该磁浮样车具有自悬浮、自稳定、自导向的特点，采用长定子永磁同步直线电机驱动系统，相比传统的旋转电机，驱动力更大，因此能跑出更快的速度。与其他悬浮技术相比，高温超导高速磁浮更适合真空管道交通运输，具有 1 000 km/h 的发展潜力，是我国在高温超导高速磁浮技术方面取得的重大突破，为构建陆地交通新模式提供了可能。

图 4-20　时速 620 km 高温超导高速磁浮样车

（四）工程装备先进可靠

2021 年 1 月，我国自主研发的 SQS-300k 隧道桥梁清筛车进行了首次清筛作业。SQS-300 k 隧道桥梁清筛车配有挖掘测量装置，可检测挖掘导槽距枕木端头的距离，防止作业过程中导槽碰到枕木端头；挖掘深度可在轨底面向下 200～300 mm 调整，并配有显示挖掘深度的监视装置；挖掘装置采用扒板式挖掘链，一次完成道床枕底挖掘，挖掘升、降导槽的导轮采用集中自动润滑。配有横平测量及里程测量装置，可为振动筛自动调平及辅助起拨道装置起道提供数据。配有辅助起拨道及分砟犁，道砟回填能保证清洁的道砟均匀地回填到线路，防止出现反超高。配有喷淋降尘系统，可降低粉尘污染，改善工作环境和周边环境。配有排水沟挖掘装置，实现桥梁两侧排水沟区域的道砟挖掘，恢复道床排水性能。配有风机系统，实现通风换气，改善作业环境，紧急着火时实现排烟目的。

2021 年，由中国铁建股份有限公司高新装备股份有限公司研制的世界首台自带走行动力的 GKMC-24 钢轨快速打磨车投入运营。与常规钢轨打磨车技术原理不同的是，这台 GKMC-24 钢轨快速打磨车采用被动式钢轨打磨原理，能在工作运行中通过对铁路线路钢轨进行快速打磨作业，可消除或减轻轨面伤损和缺陷，提高轨面平顺度，预防或减缓接触疲劳、波磨病害的产生和发展，延长钢轨使用寿命，适用于线路钢轨的预打磨和预防性打磨作业。该装备自带走行，小型轻量化，施工方便，维修灵活，功能齐全且集成度高，适用范围较广。

GCD-450 重型轨道车采用交-直电传动系统，柴油机功率，最高速度 120 km/h，是目前国内速度最快、功率最大、技术最先进的重型轨道车。该轨道车具备电阻制动功能以及双机重联功能，可满足长大坡道的牵引及制动要求。具有传动效率高、运用成本低、起动性加速快、爬坡能力强、可靠性高、检修工作少、操纵简便灵活、劳动强度低、环保性能好、安全性高等技术特点，适用于铁路基本建设及线路维修时物料、工具的运输和人员的运送，可担负路局巡养、移动工区巡检列车的牵引任务，亦可用于厂矿企业调车及小运转，停车时还可为铁路抢险、工程机械提供 400 V、50 Hz、120 kVA 大功率三相交流电源。该电传动重型轨道车已顺利用于郑万（郑州—万州）铁路维护保养的牵引工作，收到了良好的使用效果。

2021 年 4 月，我国自主研制的世界最大吨位“越海号”运架装备在杭甬高速成功架设 1 800 t 箱梁，中国运架装备迎来新的里程碑。“越海号”是目前世界最大整孔预制箱梁架桥机，它能适应不同跨径、小半径曲线、左右幅高低墩等多种特殊工况，还可以利用无级偏心可调吊具实现转体梁架设。

第五章 铁路企业经营状况分析

2021 年是党和国家具有里程碑意义的一年，是开启“十四五”新征程的关键之年，铁路企业稳中求进、勇毅前行，为加快交通强国建设、推动铁路高质量发展做出应有的贡献。本章综合考虑代表行业特色、业务涵盖范围、市场占有份额等因素，从铁路运输、工程建设和装备制造三个领域选取了部分重点企业分析其经营状况，其中，铁路客货运输企业包含中国国家铁路集团有限公司、中国神华能源股份有限公司和京沪高速铁路股份有限公司；铁路工程建设企业包含中国中铁股份有限公司、中国铁建股份有限公司和中国交通建设股份有限公司；铁路装备制造企业包含中国中车股份有限公司、中国铁路通信信号股份有限公司（铁路企业 2021 年经营状况详情见附录）。

第一节　铁路客货运输企业

2021年，铁路客货运输企业坚持以习近平新时代中国特色社会主义思想为指导，全面落实党中央、国务院决策部署，坚持稳中求进工作总基调，立足新发展阶段，完整、准确、全面贯彻新发展理念，服务构建新发展格局，着力推进铁路科技创新，着力推进铁路运输市场化改革，着力推进铁路治理体系和治理能力现代化，持续强化铁路常态化疫情防控，坚决维护铁路安全稳定，推动铁路高质量发展，为“十四五”开好局、起好步作出积极贡献。

一、中国国家铁路集团有限公司

2021年，中国国家铁路集团有限公司坚守盈亏底线目标不动摇，坚持客货并举、增收节支双向发力，运输和非运输经营开发协力同增。加强全面预算管理，严格以收定支、收支弹挂，完善铁路行业市场化清算体系，推进铁路运输分类核算，强化经营业绩考核，尽最大努力提升经营质量。推进资源和市场优势产业链经营开发取得实效，一批土地综合开发项目落地实施。牢固树立过“紧日子”的思想，千方百计控制成本支出总量。强化国铁企业资产负债约束，持续清理风险债权。强化内部审计监督，促进国有资产保值增值。图5-1为一列动车组行驶在京张高铁上。

图5-1　一列动车组行驶在京张高铁上

2021年，中国国家铁路集团有限公司实现营业收入1.13万亿元，同比增长6.1%；总资产8.92万亿元，同比增长2.4%；总负债5.92万亿元，同比增长3.7%；营业利润－293.48亿元，同比减亏9.52亿元；净亏损498.55亿元，同比减亏 56.31 亿元。

客运方面，受疫情多点散发影响，客流恢复势头屡遭重挫，中国国家铁路集团有限公司客运工作始终面临巨大压力。面对严峻挑战，客运系统对标全年任务目标，坚持量收并举，积极推进客运提质计划，更加精准实施“一日一图”动态优化客运供给，最大限度降低疫情影响。2021 年，国家铁路旅客发送量实现恢复性增长，达到 25.33 亿人，同比增长 16.9%，其中动车组 19.22 亿人，同比增长 23.5%。2021 年，客运收入完成 3 021 亿元，同比增长 21.7%。

货运方面，坚持把以货补客作为全年运输经营的大格局，深入实施货运增量行动，全面优化货运布局，释放煤运大通道运力，大力发展多式联运，实施铁路 95306 整体升级，促进货运量持续增长。国家铁路货物发送量连续三年保持增长，2021 年达到 37.26 亿 t，同比增长 4.0%，其中集装箱运量同比增长 23.5%。2021 年，货运收入完成 4 359 亿元，同比增长 8.4%。国铁集团主要经营指标如表 5-1 及图 5-2～图 5-4 所示。

表 5-1　中国国家铁路集团有限公司主要财务指标

指　　标	年　　份				
	2017 年	2018 年	2019 年	2020 年	2021 年
营业收入(亿元)	10 154.49	10 955.31	11 605.27	10 667.84	11 313.46
总资产(万亿元)	7.65	8.00	8.31	8.71	8.92
总负债(万亿元)	4.99	5.21	5.49	5.71	5.92
营业利润(亿元)	519.28	551.28	289.31	−303.00	−293.48
净利润(亿元)	18.19	20.45	25.24	−554.86	−498.55
资产负债率(%)	65.21	65.15	65.98	65.62	66.33

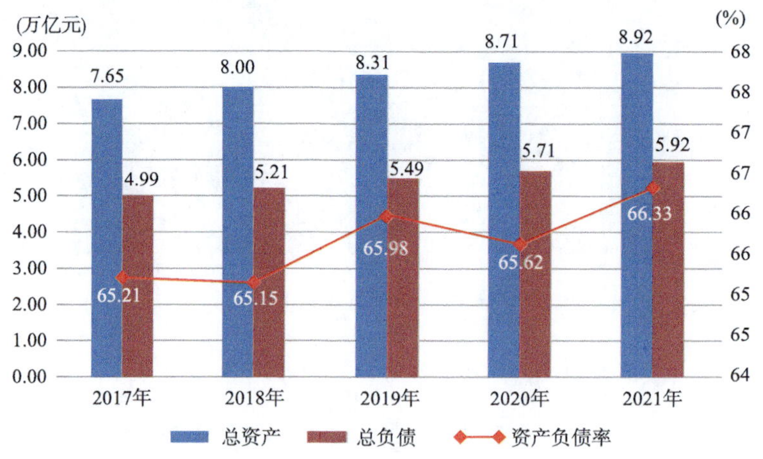

图 5-2　中国国家铁路集团有限公司 2017 年—2021 年总资产、总负债及负债率

图 5-3　中国国家铁路集团有限公司 2017 年—2021 年营业收入、营业利润

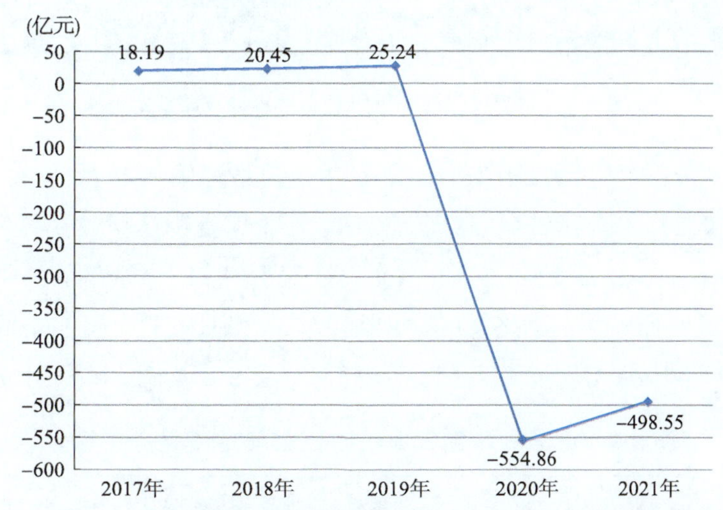

图 5-4　中国国家铁路集团有限公司 2017 年—2021 年净利润

二、中国神华能源股份有限公司

2021 年，中国神华能源股份有限公司坚持市场导向，加强资源组织和运输调度，充分发挥煤电化运全产业链一体化资源和规模优势，确保能源安全稳定供应，不断提升价值链创效能力，整体竞争力持续加强。图 5-5 为能源保供列车行驶在新朔准池铁路线上。

2021 年，中国神华能源股份有限公司营业收入 3 352.16 亿元，同比增长 43.7%，其中铁路业务营业收入 406.99 亿元，同比增长 5.1%；总资产 6 070.52 亿元，同比增长 8.7%；总负债 1 613.76 亿元，同比增长 21.0%；营业利润 782.42 亿元，同比增长 23.2%；净利润 593.59 亿元，同比增长 25.6%。

图 5-5　能源保供列车行驶在新朔准池铁路线上

2021 年，中国神华能源股份有限公司自有铁路运输周转量达 3 034 亿吨公里，同比增长 6.2%。全年铁矿、锰矿、化工品等非煤货物运量达 18.7 百万吨，反向运输货物量达 16.3 百万吨。其中，黄大铁路开通滨州物流园三条临时接卸线，与东营疏港铁路、益羊铁路、大莱龙铁路实现互联互通，全年完成煤炭运量 11.1 百万吨。神华公司主要经营指标如表 5-2、表 5-3 及图 5-6～图 5-9 所示。

表 5-2　中国神华能源股份有限公司主要财务指标

指　　标	年　　份				
	2017 年	2018 年	2019 年	2020 年	2021 年
营业收入（亿元）	2 487.46	2 641.01	2 418.71	2 332.63	3 352.16
总资产（亿元）	5 671.24	5 872.39	5 584.84	5 584.47	6 070.52
总负债（亿元）	1 924.97	1 827.89	1 428.65	1 333.17	1 613.76
营业利润（亿元）	711.02	731.46	666.29	634.90	782.42
净利润（亿元）	540.50	540.41	515.40	472.65	593.59
资产负债率（%）	33.94	31.13	25.58	23.87	26.58

表 5-3　中国神华能源股份有限公司铁路业务指标情况

指　标	年　份				
	2017 年	2018 年	2019 年	2020 年	2021 年
营业成本(亿元)	144.46	155.74	162.25	197.96	215.46
营业收入(亿元)	375.86	391.49	397.01	387.23	406.99
毛利率(%)	61.6	60.2	59.1	48.9	47.1
自有铁路运输周转量(十亿吨公里)	273.0	283.9	285.5	285.7	303.4
铁路分部单位运输成本(元/吨公里)	0.050	0.052	0.053	0.066	0.068

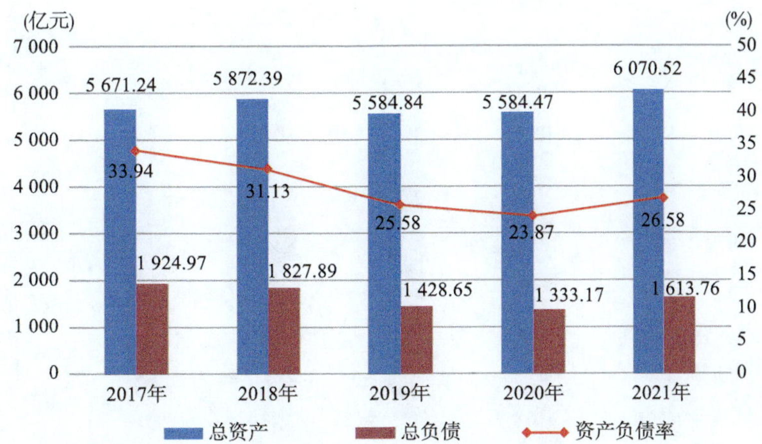

图 5-6　中国神华能源股份有限公司 2017 年—2021 年总资产、总负债及负债率

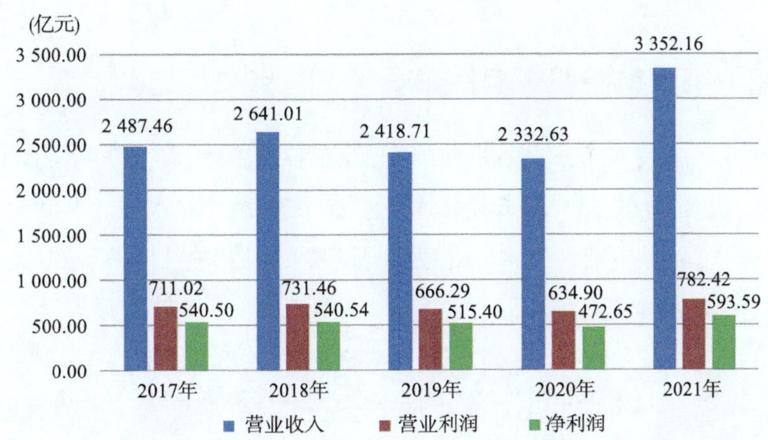

图 5-7　中国神华能源股份有限公司 2017 年—2021 年营业收入、营业利润及净利润

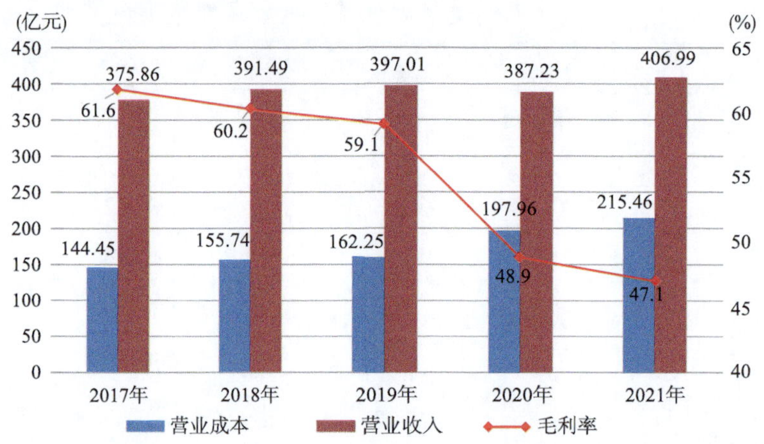

图 5-8　中国神华能源股份有限公司 2017 年—2021 年铁路营业成本、营业收入及毛利率

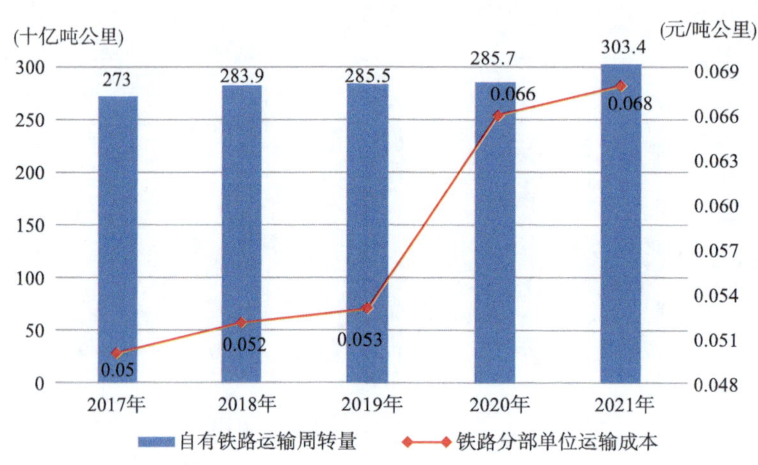

图 5-9　中国神华能源股份有限公司 2017 年—2021 年铁路业务指标情况

三、京沪高速铁路股份有限公司

2021 年，京沪高速铁路股份有限公司在抓好疫情防控的基础上，不断深化强基达标、提质增效、节支降耗工作主题，推进运输能力优化、设备维修养护、品牌塑造宣传等基础性工作，为疫情形势好转后迅速恢复运力运量奠定基础。全年京沪高铁本线列车运送旅客 3 529.1 万人次，同比增长 27.1%；跨线列车运营里程完成 7 250.4 万列公里，同比增长 4.8%；2021 年 5 月 4 日创下京沪高铁全线运送旅客 79.8 万人次的新纪录；京福安徽公司管辖线路列车运营里程完成 2 941.8 万列公里，同比增长 24.4%。图 5-10 为京沪高铁列车驶出上海虹桥车站。

图 5-10　京沪高铁列车驶出上海虹桥车站

2021 年，京沪高速铁路股份有限公司实现营业总收入 293.05 亿元，同比增长 16.11%；营业总成本 230.61 亿元，同比增长 8.7%；营业利润 62.45 亿元，同比增长 55.04%；总资产 2 952.52 亿元，较上年末变动幅度不大。受同比疫情防控形势向好和公司线路旅客运量、列车开行数量均较同期增加等因素带动，相应路网使用费及运输业务服务费支出较上年同期分别增加 0.11 亿元和 1.28 亿元，增幅分别为 78.42% 和 100.00%。京沪公司主要经营指标如表 5-4、表 5-5 及图 5-11～图 5-13 所示。

表 5-4　京沪高速铁路股份有限公司主要财务指标

指　　标	年　　份				
	2017 年	2018 年	2019 年	2020 年	2021 年
营业收入(亿元)	295.55	311.58	348.56	252.38	293.05
总资产(亿元)	1 777.27	1 757.10	3 150.37	3 008.63	2 952.52
总负债(亿元)	333.45	275.37	853.50	923.80	841.48
营业利润(亿元)	120.71	136.63	145.80	40.28	62.45
净利润(亿元)	90.53	102.48	106.02	25.01	42.15
资产负债率(%)	18.76	15.67	27.09	30.70	28.50

表 5-5　京沪高速铁路股份有限公司主要铁路运输财务指标

指　　标	年　　份				
	2017 年	2018 年	2019 年	2020 年	2021 年
营业收入(亿元)	155.67	157.91	326.64	248.38	288.49
营业成本(亿元)	103.26	101.84	161.03	173.23	187.99
营业利润(亿元)	52.41	52.92	165.61	75.06	100.51
铁路运输毛利率(%)	33.67	33.51	50.70	30.22	34.84

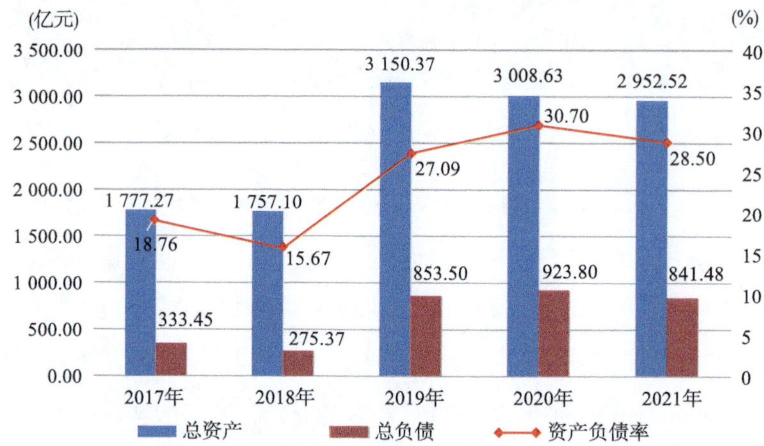

图 5-11　京沪高速铁路股份有限公司 2017 年—2021 年总资产、总负债及负债率

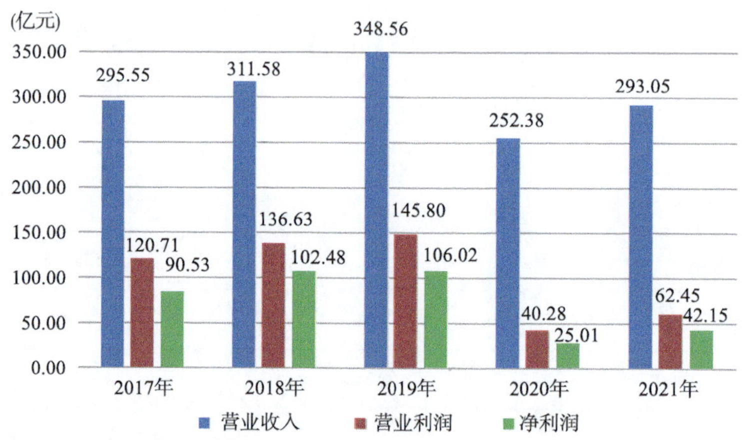

图 5-12　京沪高速铁路股份有限公司 2017 年—2021 年营业收入、营业利润及净利润

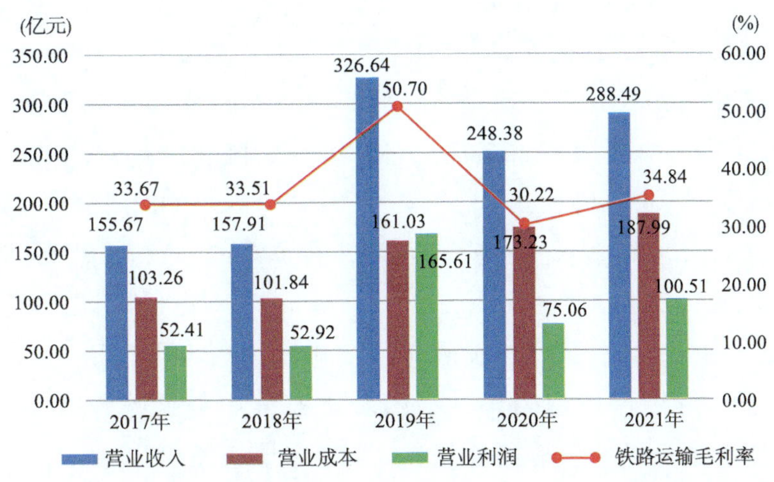

图 5-13 京沪高速铁路股份有限公司 2017 年—2021 年主要铁路运输财务指标

第二节 铁路工程建设企业

2021 年,铁路工程建设企业以习近平新时代中国特色社会主义思想为指导,坚决贯彻落实党中央、国务院决策部署,克服国内外形势复杂严峻、诸多风险与挑战并存等不利影响,生产经营平稳增长,实现了“十四五”良好开局。

一、中国中铁股份有限公司

2021 年,面对疫情波折反复、经济下行压力加大、诸多风险挑战交织的复杂局面,中国中铁股份有限公司认真贯彻落实党中央、国务院决策部署和国资委工作要求,开拓创新,锐意进取,圆满完成各项年度目标。图 5-14 为中国中铁参建的武汉杨泗港长江大桥。

图 5-14 中国中铁股份有限公司参建的武汉杨泗港长江大桥

2021 年，中国中铁股份有限公司经营规模、效益、质量迈上新台阶。全年实现营业收入 1.07 万亿元，同比增长 10.11%；总资产 1.36 万亿元，同比增长 13.47%；总负债 1 万亿元，同比增长 13.13%；营业利润 387.82 亿元，同比增长 15.5%；净利润 304.7 亿元，同比增长 11.82%。公司实现新签合同额 2.73 万亿元，同比增长 4.75%（其中，境内业务实现新签合同额 2.58 万亿元，同比增长 4.4%；境外业务实现新签合同额 1 517.1 亿元，同比增长 11.3%）。截至 2021 年底，公司未完合同总额 4.55 万亿元，同比增长 22%。

在铁路业务方面，中国中铁股份有限公司在国内大中型铁路建设市场占有率达 46.6%，继续保持国内第一。随着国家大中型铁路重大项目招标完成，铁路业务新签合同额保持高速增长，全年完成新签合同额 4 335.7 亿元，同比增长 22%；期末未完合同额 7 246.1 亿元，同比增长 13.8%。中国中铁主要财务指标如表 5-6、表 5-7 及图 5-15～图 5-17 所示。

表 5-6　中国中铁股份有限公司主要财务指标

指　　标	年　　份				
	2017 年	2018 年	2019 年	2020 年	2021 年
营业收入(亿元)	6 933.67	7 404.36	8 508.84	9 747.49	10 732.72
总资产(亿元)	8 440.84	9 426.76	10 561.86	12 001.22	13 617.26
总负债(亿元)	6 743.64	7 205.32	8 107.11	8 869.28	10 033.84
营业利润(亿元)	192.50	226.96	318.82	335.78	387.82
净利润(亿元)	142.04	174.36	253.78	272.49	304.70
资产负债率(%)	79.89	76.43	76.76	73.90	73.68

表 5-7　中国中铁股份有限公司新签合同额统计表

指　　标	年　　份				
	2017 年	2018 年	2019 年	2020 年	2021 年
新签合同额合计(亿元)	15 568.6	16 921.6	21 648.7	26 056.6	27 293.2
基础设施建设业务(亿元)	13 552.8	14 346.3	17 946.3	21 829.2	24 166.8
其中：铁路业务(亿元)	2 425.0	2 540.8	3 112.4	3 553.8	4 335.7

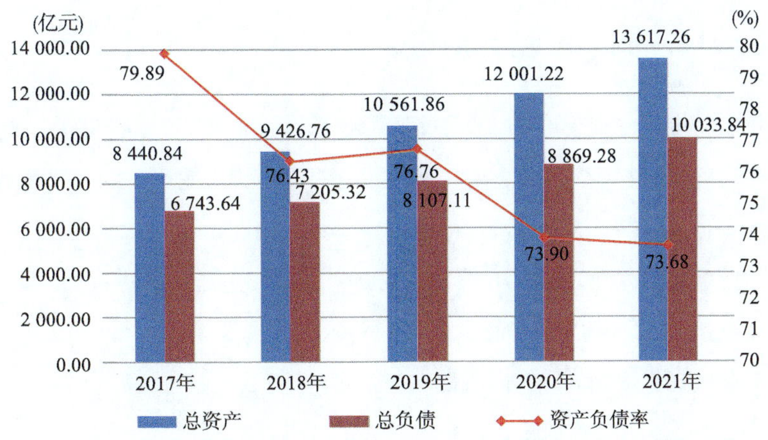

图 5-15　中国中铁股份有限公司 2017 年—2021 年总资产、总负债及负债率

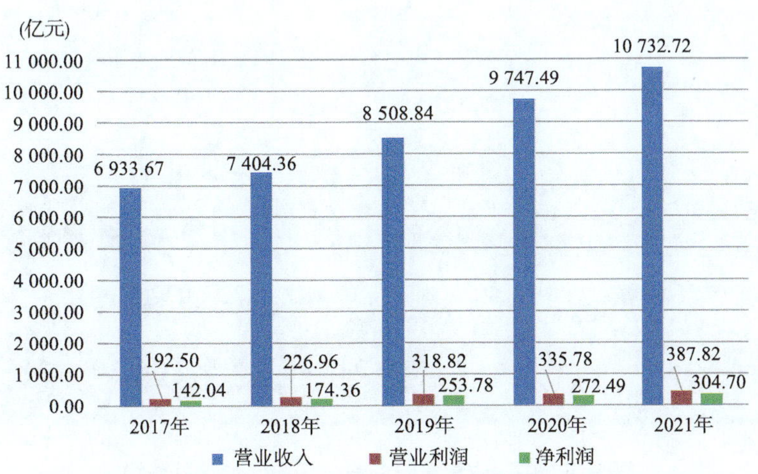

图 5-16　中国中铁股份有限公司 2017 年—2021 年营业收入、营业利润及净利润

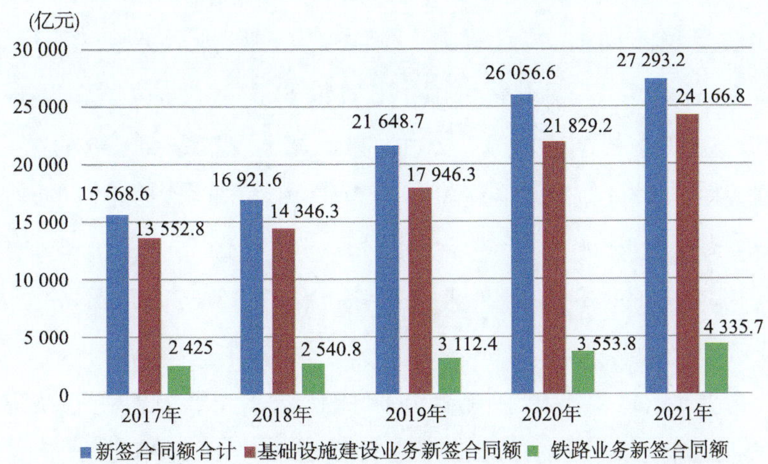

图 5-17　中国中铁股份有限公司 2017 年—2021 年新签合同额

二、中国铁建股份有限公司

2021年，中国铁建股份有限公司主动服务国家重大战略，坚持“实事求是、守正创新、行稳致远”工作方针，落实“守正、革新、提质、做实”工作要求，规模效益和经济质量同步提升。面对复杂严峻的内外形势和艰巨繁重的改革发展任务，中国铁建股份有限公司聚焦高质量发展主题，谋划高质量发展举措，落实高质量发展要求，圆满完成了各项目标任务，实现了“十四五”良好开局。图5-18为中国铁建参建的福平铁路。

图5-18　中国铁建股份有限公司参建的福平铁路

2021年，中国铁建股份有限公司各项主要经营指标再创历史新高，企业规模效益和质量稳步向前、持续提升。其中，实现营业收入1.02万亿元，同比增长12.05%；总资产1.35万亿元，同比增长8.87%；总负债1.01万亿元，同比增长8.32%；营业利润348.14亿元，同比增长12.23%；净利润293.15亿元，同比增长14.03%；新签合同额2.82万亿元，完成年度计划的103.1%，同比增长10.39%（境内业务新签合同额2.56万亿元，占新签合同总额的90.87%，同比增长10.38%；境外业务新签合同额2 573亿元，占新签合同总额的9.13%，同比增长10.52%）。

铁路业务方面，铁路业务新签合同额保持稳定增长，全年完成新签合同额3 764.71亿元，同比增长30.17%，增幅较大的主要原因是受益于国家重点建设项目启动，中国铁建股份有限公司充分发挥行业竞争优势，确保了获取订单最大化。中国铁建主要财务指标见表 5-8 及如图 5-19、图 5-20 所示。

表 5-8　中国铁建股份有限公司主要财务指标

指　　标	年　　份				
	2017 年	2018 年	2019 年	2020 年	2021 年
营业收入(亿元)	6 809.81	7 301.23	8 304.52	9 103.25	10 200.10
总资产(亿元)	8 218.87	9 176.71	10 812.39	12 427.93	13 529.70
总负债(亿元)	6 432.39	7 103.36	8 192.18	9 291.53	10 064.77
营业利润(亿元)	209.10	253.22	276.29	310.21	348.14
净利润(亿元)	169.19	198.38	226.24	257.09	293.15
资产负债率(%)	78.26	77.41	75.77	74.76	74.39

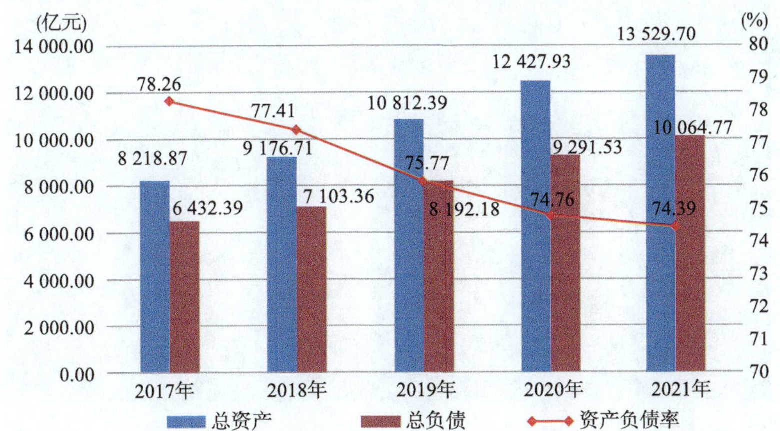

图 5-19　中国铁建股份有限公司 2017 年—2021 年总资产、总负债及负债率

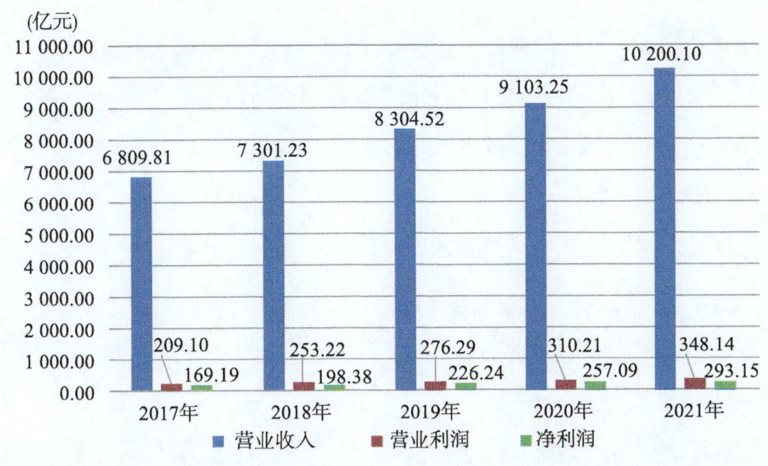

图 5-20　中国铁建股份有限公司 2017 年—2021 年营业收入、营业利润及净利润

三、中国交通建设股份有限公司

2021 年，面对复杂严峻的国内外形势和诸多风险挑战，中国交通建设股份有限公司深入实施“三重两大两优”经营策略，发展态势稳中向好。公司密集对接重点项目、重要区域、重大市场，公路项目规模重返国内排名第一，城市建设产业链和价值链不断完善，产城融合能力不断提升，“大交通”建设国家队、“大城市”发展主力军的地位进一步增强，江河湖海业务领军地位持续巩固。图 5-21 为中国交建参建的深圳港盐田区西作业区集装箱码头工程。

图 5-21　中国交通建设股份有限公司参建的深圳港盐田港区西作业区集装箱码头工程

2021 年，中国交通建设股份有限公司实现营业收入 6 856.39 亿元，同比增长 9.25%；总资产 1.39 万亿元，同比增长 6.65%；总负债 9 994.83 亿元，同比增长 5.61%；营业利润 284.89 亿元，同比增长 12.24%；净利润 234.96 亿元，同比增长 21.43%。新签合同额为 1.27 万亿元，同比增长 18.85%（其中，各业务来自境外地区的新签合同额为 2 159.78 亿元，同比增长 5.36%，约占公司新签合同额的 17%）。

铁路业务方面，中国交通建设股份有限公司作为中国最大的铁路建设企业之一，铁路建设的新签合同额为 250.06 亿元，同比增长 61.8%，占基建建设业务新签合同额的 2%。境外市场方面，公司成功进入非洲、东南亚等铁路建设市场，建成运营及在建多个重大铁路项目，市场影响力举足轻重。中国交建主要经营指标见表 5-9 及如图 5-22、图 5-23 所示。

表 5-9　中国交通建设股份有限公司主要财务指标

指　　标	年　　份				
	2017 年	2018 年	2019 年	2020 年	2021 年
营业收入(亿元)	4 828.04	4 908.72	5 547.92	6 275.86	6 856.39
总资产(亿元)	8 502.35	9 604.76	11 203.99	13 041.69	13 908.37
总负债(亿元)	6 442.94	7 207.94	8 240.20	9 463.65	9 994.83
营业利润(亿元)	266.37	251.77	265.93	253.83	284.89
净利润(亿元)	213.19	202.94	216.20	193.49	234.96
资产负债率(%)	75.78	75.05	73.55	72.56	71.86

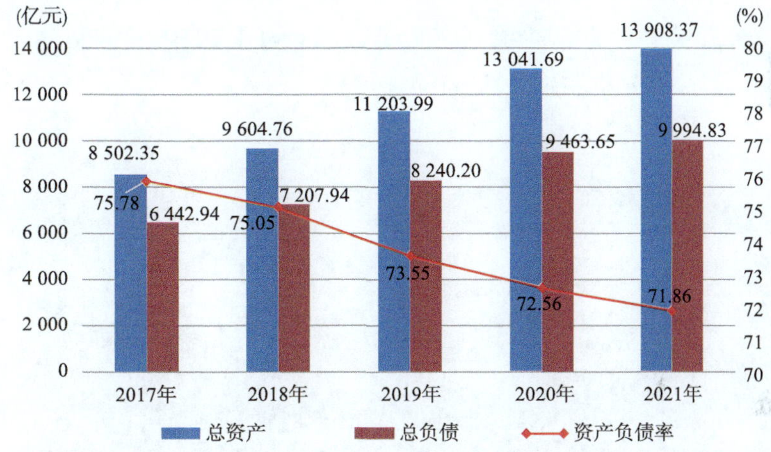

图 5-22　中国交通建设股份有限公司 2017 年—2021 年总资产、总负债及负债率

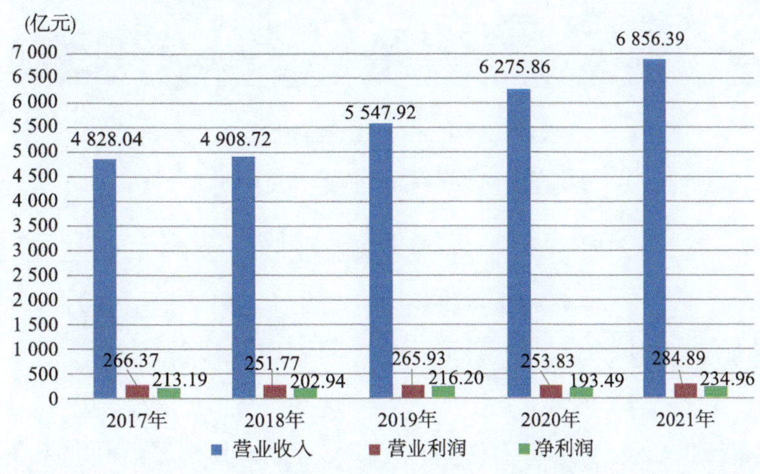

图 5-23　中国交通建设股份有限公司 2017 年—2021 年营业收入、营业利润及净利润

第三节　铁路装备制造企业

2021 年，面对世纪疫情百年变局、铁路客货运持续改革、现代综合交通运输体系建设加快、行业形势深刻变化的复杂局面，铁路装备制造企业攻坚克难、拼搏奋进，优化业务结构，坚持创新驱动，持续深化改革，牢牢守住底线，为建设制造强国、交通强国贡献力量。

一、中国中车股份有限公司

2021 年，中国中车股份有限公司战疫情克难关，保持经营业绩基本稳定，高质量发展基础更加稳固，在服务国家“六稳”“六保”任务中展现担当，沉着应对复杂的经营形势，完成了各项任务。图 5-24 为中国中车研制生产的“复兴号”高原内电双源动车组行驶在拉林铁路上。

图 5-24　中国中车股份有限公司研制生产的“复兴号”高原内电双源动车组行驶在拉林铁路上

2021 年，中国中车股份有限公司实现营业收入 2 257.32 亿元，同比下降 0.85%；总资产 4 268.26 亿元，同比增长 8.78%；总负债 2 445.34 亿元，同比增长 9.54%；营业利润 128.31 亿元，同比下降 16.24%；净利润 124.18 亿元，同比下降 10.16%。截至 2021 年底，公司新签订单约 2 210 亿元，其中，国际业务新签订单约 350 亿元；在手订单约 2 203 亿元，其中，国际业务在手订单约 860 亿元。

铁路业务方面，中国中车股份有限公司铁路装备业务营业收入 906.85 亿元，比上年同期增加 0.22%。其中，机车业务收入 229.05 亿元，客车业务收入 106.99 亿元，动车组业务收入 410.99 亿元，货车业务收入 159.82 亿元。城市轨道车辆收入 479.00 亿元，风电业务收入 302.42 亿元，铁路装备修理改装业务 340 亿元。2021 年，公司销售机车 744 台，客车 1 019 辆，动车组 1 292 辆，货车 33 739 辆，城轨地铁 8 045 辆。中国中车主要经营指标见表 5-10，如图 5-25、图 5-26 所示。

表 5-10　中国中车股份有限公司主要财务指标

指　标	年　份				
	2017 年	2018 年	2019 年	2020 年	2021 年
营业收入(亿元)	2 110.13	2 190.83	2 290.11	2 276.56	2 257.32
总资产(亿元)	3 752.06	3 575.23	3 835.72	3 923.80	4 268.26
总负债(亿元)	2 332.87	2 078.38	2 247.44	2 232.39	2 445.34
营业利润(亿元)	147.29	147.35	158.23	153.18	128.31
净利润(亿元)	129.97	129.99	138.23	138.23	124.18
资产负债率(%)	62.18	58.13	58.59	56.89	57.29

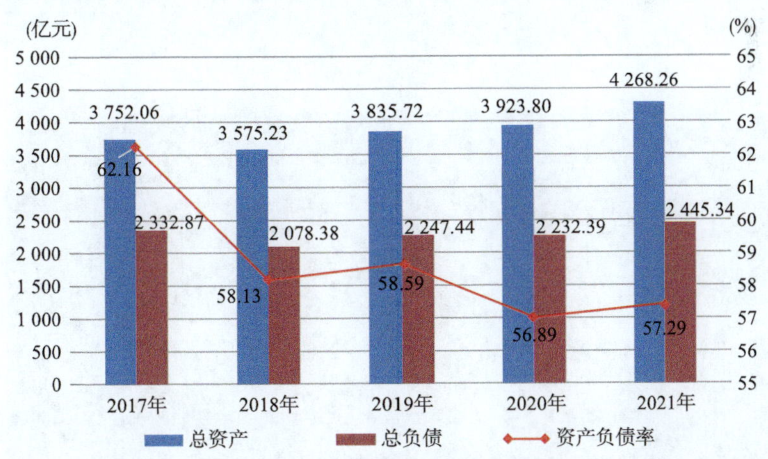

图 5-25　中国中车股份有限公司 2017 年—2021 年总资产、总负债及负债率

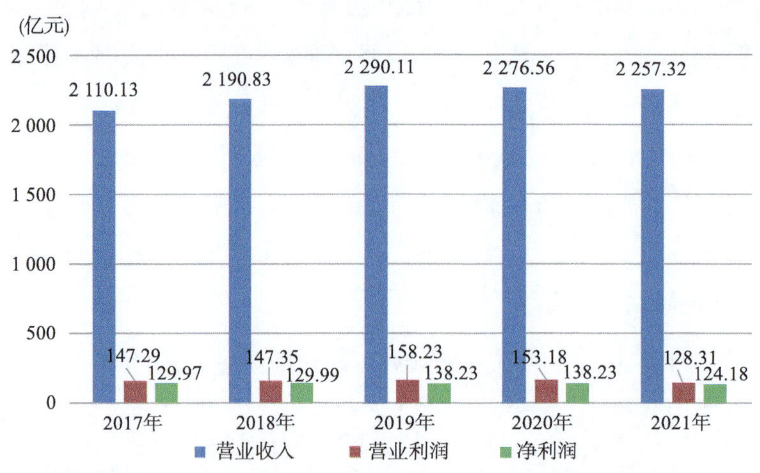

图 5-26　中国中车股份有限公司 2017 年—2021 年营业收入、营业利润及净利润

二、中国铁路通信信号股份有限公司

2021 年，在国家轨道交通建设政策调整、高铁新建里程增速下降、中国国家铁路集团有限公司招标模式变化、新冠疫情不断反复的大背景下，中国铁路通信信号股份有限公司主要经济指标增长有所放缓，但整体运行基本保持平稳。图 5-27 为中国通号参建的凤凰磁浮文旅观光快线。

图 5-27　中国铁路通信信号股份有限公司参建的凤凰磁浮文旅观光快线

2021 年，中国铁路通信信号股份有限公司实现营业收入 383.58 亿元，同比

下降4.4%，其中，海外业务收入较上年增加20.72%；总资产1 089.43亿元，同比增长3.43%；总负债635.71亿元，同比增长4.16%；营业利润42.44亿元，同比下降15.37%；净利润36.93亿元，同比下降12.88%。累计新签合同总额722.81亿元，较上年同期增长1.16%，其中，铁路领域237.34亿元，同比下降9.61%；城轨领域133.26亿元，同比增长2.04%；海外领域21.98亿元，同比增长47.55%；工程总承包及其他领域330.23亿元，同比增长7.75%。截至2021年末，公司在手订单1 463.01亿元。营业收入及利润较上年有所下降，主要由于2021年国家铁路投资总额同比减少，项目开标滞后，新投产线路同比减少；同时公司合理控制工程总承包业务规模，工程总承包业务收入减少，综合导致本年营业收入较上年小幅下降。中国通号主要经营指标见表5-11，如图5-28、图5-29所示。

表5-11　中国铁路通信信号股份有限公司主要财务指标

指　　标	年　　份				
	2017年	2018年	2019年	2020年	2021年
营业收入(亿元)	345.86	400.13	416.46	401.24	383.58
总资产(亿元)	612.45	796.79	975.13	1 053.28	1 089.43
总负债(亿元)	360.20	494.06	547.88	610.31	635.71
营业利润(亿元)	41.86	45.33	49.79	50.15	42.44
净利润(亿元)	34.37	37.17	41.77	42.39	36.93
资产负债率(%)	58.81	62.01	56.19	57.94	58.35

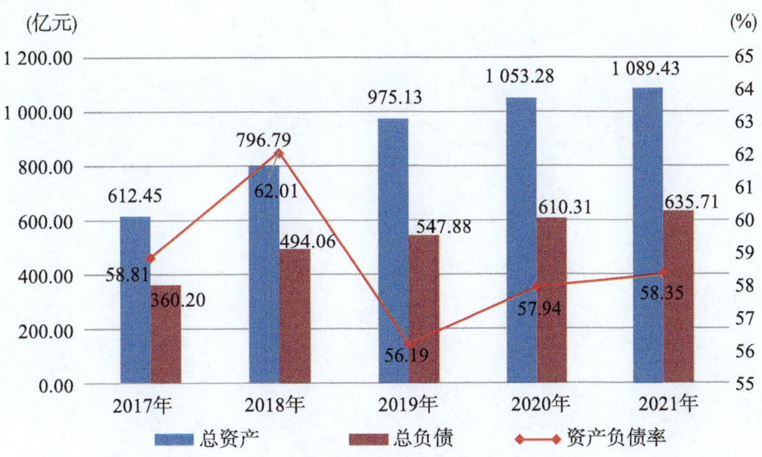

图5-28　中国铁路通信信号股份有限公司2017年—2021年总资产、总负债及负债率

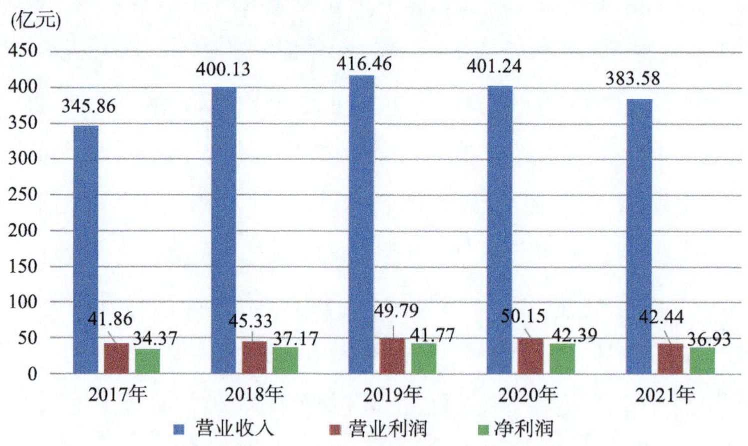

图 5-29　中国铁路通信信号股份有限公司 2017 年—2021 年营业收入、营业利润及净利润

第六章 2022 年形势分析及发展设想

2022 年是全面实施“十四五”规划的关键期，也是铁路行业高质量发展的攻坚期。由于新冠肺炎疫情持续、长期的供应链挑战和通胀不断增加，全球经济将面临较大复苏压力，但是我国经济韧性较强，长期向好的局面不会改变。因此，铁路作为支撑国民经济发展的先导性、基础性、战略性行业，继 2021 年强劲反弹后，在稳中求进工作总基调下，有望延续稳中有升良好态势。

第一节　2022 年我国经济发展形势研判

2022 年，在百年变局和世纪疫情叠加的背景下，全球形势复杂严峻，我国面临需求收缩、供给冲击、预期转弱三重压力，政府工作报告明确指出，2022 年要把稳增长放在更加突出的位置。

一、2022 年经济社会发展总体形势

综合研判国内外形势，2022 年我国发展面临的风险挑战明显增多，必须爬坡过坎。但我国经济长期向好的基本面不会改变，持续发展具有多方面有利条件，特别是亿万人民有追求美好生活的强烈愿望、创业创新的巨大潜能、共克时艰的坚定意志。要在以习近平同志为核心的党中央坚强领导下，以习近平新时代中国特色社会主义思想为指导，坚持稳中求进工作总基调，完整、准确、全面贯彻新发展理念，加快构建新发展格局，全面深化改革开放，坚持创新驱动发展，推动高质量发展，坚持以供给侧结构性改革为主线，统筹疫情防控和经济社会发展，统筹发展和安全，继续做好“六稳”“六保”工作，持续改善民生，着力稳定宏观经济大盘，保持经济运行在合理区间，保持社会大局稳定。

(一)稳增长:全年有望实现稳中有进

我国疫情常态化防控处于全球领先地位，统筹疫情防控和经济社会发展成效显著，生产生活秩序总体稳定，促进了经济持续发展和社会大局稳定。我国产业供给体系全，拥有联合国产业分类中的全部工业门类，产业体系完备，配套也较为完善，产业链、供应链韧性较强，能够很快适应市场需求变化，促进供给增加，这是我们的信心和底气所在，更是 2022 年继续推动经济稳健前行的重要基础。

(二)蓄动能:科技与消费将唱主角

我国超大规模市场空间广。14 亿多人口、4 亿多中等收入群体，这是我国应对各种风险挑战、构建国内强大市场的立足之本。尽管国际环境复杂严峻，全球疫情影响仍在持续，对投资增长形成一定制约。但从我国发展阶段看，扩大有效投资有潜力、有空间，也有动力，促发展投资潜力巨大，补短板投资空间广阔。我国总储蓄率高，社会资金总体充裕，生产建设支撑条件较好，扩大有效投资既有需要也有较好的条件。随着“十四五”规划确定的 102 项重点项目陆续启动，“两新一重”项目有序建设，财政货币投资等政策支持力度加大，都有利于固定资产投资稳步恢复。

（三）增潜力：改革开放带动发展新突破

2022年初，《区域全面经济伙伴关系协定》正式生效，标志着全球人口最多、经贸规模最大、最具发展潜力的自由贸易区正式落地，这必将促进对外贸易、相互投资、国际贸易、国际投资发展。

二、2022年经济社会发展政策取向①

2022年宏观政策要稳健有效，微观政策要持续激发市场主体活力，结构政策要着力畅通国民经济循环，科技政策要扎实落地，改革开放政策要激活发展动力，区域政策要增强发展的平衡性协调性，社会政策要兜住兜牢民生底线。要围绕贯彻这些重大政策和要求，细化实化具体举措，形成推动发展的合力。

一是宏观政策要保持连续性，增强有效性。积极的财政政策要提升效能，更加注重精准、可持续。稳健的货币政策要灵活适度，保持流动性合理充裕。就业优先政策要提质加力。政策发力适当靠前，及时动用储备政策工具，确保经济平稳运行。

二是继续做好常态化疫情防控。坚持外防输入、内防反弹，不断优化完善防控措施，加强口岸城市疫情防控，加大对病毒变异的研究和防范力度，加快新型疫苗和特效药物研发，持续做好疫苗接种工作，更好发挥中医药独特作用，科学精准处置局部疫情，保持正常生产生活秩序。

三是要坚持稳字当头、稳中求进。面对新的下行压力，要把稳增长放在更加突出的位置，积极推出有利于经济稳定的政策。要统筹稳增长、调结构、推改革，加快转变发展方式，不搞粗放型发展。坚持实事求是，立足社会主义初级阶段基本国情，着力办好自己的事，尊重发展规律、客观实际和群众需求，因地制宜创造性开展工作，把各方面干事创业积极性充分调动起来。推动有效市场和有为政府更好结合，善于运用改革创新办法，激发市场活力和社会创造力。要坚持以人民为中心的发展思想，依靠共同奋斗，扎实推进共同富裕，不断实现人民对美好生活的向往。

第二节　2022年交通运输发展思路和目标

在实现“十四五”良好开局的基础上，2022年交通运输行业要更加注重安

①主要内容源自《2022年政府工作报告》。

全发展，持续提升运输服务水平，有效服务区域重大战略和区域协调发展战略实施，大力发展智慧交通，积极推进绿色交通发展，进一步深化对外开放合作，加强党对交通运输工作的全面领导。

一、交通运输行业发展形势

交通运输行业机遇与挑战交织并存，但约束条件明显增多，疫情仍是最大变量，供需局部失衡问题突出，呈现需求结构分化、供给受到冲击、运行成本高企、市场预期不稳、风险隐患增多等特点。安全稳定形势严峻，事故总量依然偏大，重大事故仍时有发生，安全生产基础还不稳固，保安全、保稳定工作任重道远；交通运输财政资金保障不足、资源要素供给不足、债务风险隐患不容忽视、工程造价大幅上涨；国际集装箱运输需求旺盛，但海运供应链下降、成本增加、循环受阻、舱柜供需矛盾等问题依然存在，保通保畅任务艰巨。

与高质量发展的要求相比，还存在的问题和差距体现在：综合交通运输网络布局不够均衡、结构不尽合理、衔接不够顺畅、韧性有待增强；货物多式联运、旅客联程联运比重偏低，物流运输总体效率不高；部分关键核心产品和技术自主创新能力不强；实现碳达峰碳中和交通运输行业工作任重道远；综合交通运输管理体制机制有待完善，重要法规制度建设滞后，加快形成统一开放交通运输市场还存在体制机制障碍；行业信息数据共享开放不足，行业现代治理能力和治理水平还有待提升等等。

二、2022年交通运输发展思路

2022年，虽然面临困难和挑战、问题和差距，但交通运输经济运行总体平稳、长期向好的基本面没有改变。交通运输行业要以习近平新时代中国特色社会主义思想为指导，全面贯彻党的十九大和十九届历次全会精神，认真落实中央经济工作会议精神，弘扬伟大建党精神，坚持稳中求进工作总基调，完整、准确、全面贯彻新发展理念，服务加快构建新发展格局，全面深化改革开放，坚持创新驱动发展，推动高质量发展，坚持以供给侧结构性改革为主线，统筹疫情防控和经济社会发展交通运输工作，统筹发展和安全，继续做好“六稳”“六保”工作，着力抓落实、抓统筹、抓协调、抓保障，更加注重服务大局、服务人民、服务基层，有效保安全、保畅通、稳市场、稳投资、促转型、防风险，为稳定宏观经济大盘、保持经济运行在合理区间、保持社会大局稳定做好服务和保障，促进综合交通一体化融合，加快建设交通强国，努力当好中国现代化的开路先锋,以优异成绩迎接党的二十大胜利召开。

2022年交通运输发展重点在于:

一是交通运输行业要始终坚持严格疫情防控,统筹发展和安全,注重服务大局,扎实支撑做好“六稳”“六保”工作。平稳推动交通运输行业恢复,加强交通物流领域防疫安全保障和稳定就业,确保国际供应链产业链稳定畅通,面对疫情局部反弹暴露的交通物流环节风险,加强应急响应机制建设和新业态新技术应用,提升交通运输发展韧性。有序推进交通运输向前发展,立足中长期发展需要,结合“十四五”时期相关规划政策指导,将行业恢复期转化为中长期布局调整窗口机遇,推进重点领域改革创新。

二是按照《交通强国建设纲要》《国家综合立体交通网规划纲要》和国家“十四五”规划部署要求,以发展布局、发展动力、发展模式、发展路径等全方位转型推动交通运输高质量发展,围绕建设现代化交通运输体系目标,以融合协同发展为着力点,切实提升交通运输发展质量和综合效率。立足交通运输既有发展基础,强化一体融合衔接,聚焦衔接不畅、融合不足等发展问题,统筹交通运输发展存量和增量,持续在综合交通枢纽、绿色交通、智能交通、联程联运和多式联运等重点领域发力,推动绿色低碳转型,增强系统韧性,形成系统性、体系性发展路径,切实推进“十四五”时期交通运输发展战略和任务深化落实。

三是切实发挥交通运输在扩内需、稳增长、稳投资中的牵引带动作用,以重大项目为抓手,加快谋划一批战略意义重大、各方形成共识、条件成熟、带动作用强的交通运输项目,持续精准补齐发展短板,科学拓展交通运输投资空间,优化基础设施供给结构和质量。立足生产、分配、流通、消费各环节,发挥基础设施和运输服务优化升级对畅通国内大循环的支撑保障作用,强化交通运输发展与现代化产业体系建设协同,推进与关联产业深度融合发展,主动顺应线上线下消费融合发展等新需求新模式,充分发挥我国交通运输供给与巨大内需市场适配的发展潜力。

三、2022年交通运输发展目标

(一)深入实施“两个纲要”

要全面贯彻落实好习近平总书记重要指示批示精神,落实党中央、国务院决策部署,完整、准确、全面贯彻新发展理念,服务加快构建新发展格局,切实增强加快建设交通强国责任感、使命感和紧迫感,深入实施“两个纲要”和“十四五”系列规划,突出服务,突出融合,凝心聚力,落实责任,抓好加快建设交通强国重点工作，确保取得新成效。

2022年要深入实施“两个纲要”和“十四五”系列规划，谋划和做好加快建设交通强国年度各项工作。要突出重点、全面覆盖，上下贯通、软硬提升，统筹融合、发挥优势，通过改革、创新、开放的办法，加快国家综合立体交通网及重大工程建设，推进交通强国建设试点实施，深化交通强国理论和指标体系研究，推动交通运输安全智慧绿色开放发展，加强队伍和人才建设，奋力开启工作新局面，当好中国现代化的开路先锋。

（二）确保实现“六个有效”

坚持稳字当头、稳中求进，必须落实到行动中，紧紧围绕稳定宏观经济大盘、保持经济运行在合理区间、保持社会大局稳定这个核心要求，在认识上把“稳”字放在首位，在方法上坚持先立后破、统筹兼顾，在路径上坚持做稳存量、做优增量，在责任上做到守土有责、守土尽责，在成效上做到平稳有效、稳中有进，确保实现“六个有效”。

一是有效保安全。坚持人民至上、生命至上，敬畏生命、敬畏责任、敬畏制度，加快安全改革创新，完善安全生产体系，确保人人都有责任心、处处都有责任制、事事都有责任人，坚决遏制重特大事故，减少一般事故，降低事故总量，确保行业安全生产形势稳定，保护人民群众生命财产安全。

二是有效保畅通。保畅通，是服务构建新发展格局的战略支撑，是落实“六稳”“六保”任务的迫切要求。要充分发挥国际物流保障协调工作机制作用，按照“保重点、重协作、增韧性、降成本、建体系”的思路，全力保障国际国内物流供应链稳定畅通，加快形成内外联通、安全高效的物流网络。

三是有效稳市场。统一开放交通运输市场是全国统一大市场的重要组成部分，是贯通生产流通消费环节、推动内外循环良性互动的重要纽带。要把行业治理的基点落在加快形成统一开放的交通运输市场上。要落实好保市场主体的任务，推动反垄断、反不正当竞争，提升市场监管能力，完善市场机制，赋予经营主体更大自主权，激发市场主体活力。

四是有效稳投资。适度超前开展基础设施投资，是应对需求收缩、供给冲击、预期转弱三重压力的有效举措，是稳定宏观经济大盘、保持经济运行在合理区间的现实需要。要把稳投资摆在工作突出位置，着力抓重点、抓落实、抓保障，最大限度争取和用好财政资金和财政政策，吸引民间资本广泛参与交通建设，为服务扩大内需战略实施作出积极贡献。

五是有效促转型。深刻把握时代大势，乘势而上、顺势而为、借势转型。

全面推进数字化转型，大力推动大数据、互联网、人工智能、区块链等新技术与交通行业深度融合。全面推进绿色化转型，加快形成绿色低碳交通运输方式，同时也要先立后破，通盘谋划，尽力而为、量力而行。要全面推进融合化转型，推进综合交通运输一体化融合发展，加强与关联产业跨界融合、综合开发，顺势推进交通基础设施网、运输服务网、能源网、信息网融合发展，支持发展交通运输路衍经济、枢纽经济、平台经济、通道经济、高铁经济、低空经济等，不断增强发展新动能。

六是有效防风险。防风险，是坚持稳字当头、稳中求进的底线要求。要不折不扣把防风险贯穿到交通运输发展各领域和全过程，按照稳定大局、统筹协调、分类施策、精准拆弹的方针，重点防范和化解可能影响全局的风险点，未雨绸缪、心中有数，防治结合、以防为主，宁可十防九空，不可失防万一，全力确保行业安全稳定。

（三）更好发挥服务保障作用

交通运输是国民经济中的基础性、先导性、战略性产业和重要服务性行业。服务是交通运输业的本质属性，加快建设交通强国，当好中国现代化的开路先锋，必须更加注重服务大局、服务人民、服务基层，强化服务意识，提升服务能力，更好发挥对经济社会发展的服务保障作用。

一是更加注重服务大局，全力服务保障大局稳定。服务大局，最根本的是要服务好中华民族伟大复兴这个战略全局。服务大局，2022 年关键是要服务好宏观经济大盘和社会大局稳定，有力支撑国家重大战略实施，继续做好“六稳”“六保”工作，有效保安全、保畅通、稳市场、稳投资、促转型、防风险，确保交通运输经济运行总体平稳、稳中有进，为党的二十大胜利召开营造良好氛围。

二是更加注重服务人民，有效服务促进共同富裕。服务人民，必须坚持人民交通为人民，既要聚焦当下民生难题，努力办好服务民生实事，牢牢兜住民生底线；也要着眼实现共同富裕，正确认识和把握实现共同富裕的战略目标和实践途径，深入研究交通运输促进共同富裕的重大理论和实践问题，不断提升交通运输发展的平衡性、协调性、包容性，在发展中保障和改善民生，奋力建设人民满意交通。

三是更加注重服务高质量发展。要尽力争取好的发展环境，也要适应在多种约束条件下推动发展，过去那种粗放型发展的老路子走不通了，也不能再走了。推动高质量发展，必须在现阶段各种约束条件下寻求最优解。要立足新发展阶段，完整、准确、全面贯彻新发展理念，服务加快构建新发展格局，蹄疾步稳推动交通运输高质量发展。

第三节　2022 年铁路行业发展设想

2022 年铁路行业以习近平新时代中国特色社会主义思想为指导，弘扬伟大建党精神，坚持稳中求进工作总基调，完整、准确、全面贯彻新发展理念，服务加快构建新发展格局，全面深化改革开放，坚持创新驱动发展，推动高质量发展，坚持以供给侧结构性改革为主线，统筹疫情防控和经济社会发展，统筹发展和安全，继续做好“六稳”“六保”工作，着力抓落实、抓统筹、抓协调、抓保障，更加注重服务大局、服务人民、服务基层，有效保安全、保畅通、稳市场、稳投资、促转型、防风险，为稳定宏观经济大盘、保持经济运行在合理区间、保持社会大局稳定做好服务和保障，促进综合交通一体化融合，加快建设交通强国，努力当好中国现代化的开路先锋，以优异成绩迎接党的二十大胜利召开。

一、铁路行业面临的挑战和机遇

（一）主要存在的问题

踏上实现第二个百年奋斗目标新征程，对照党中央要求和人民群众的期待，对标高质量发展的目标任务，铁路要在建设交通强国中当好先行，治理体系和治理能力还有诸多不适应，工作还存在不小差距。法规标准不够完善，监管体系需进一步健全，监管效能和执法水平仍需提高；推动改革发展的政策措施还不到位，铁路市场规则不统一、要素资源流动不畅等突出问题亟待解决；推动创新发展的机制平台还不够有效，关键核心技术亟待突破；基层基础还比较薄弱，党建工作需进一步加强；还存在着监管缺位、规章缺少、标准缺失等问题，在质量、安全、服务、市场秩序等监管方面存在的缺项。针对这些不足和差距，必须勇于面对、坚定信心，攻坚克难、改进提高，从党的百年奋斗重大成就和历史经验中汲取智慧力量，弘扬伟大建党精神，坚持发扬铁路优良传统和实践经验，埋头苦干，勇毅前行，加快建设交通强国，推动铁路高质量发展。

（二）新时代新征程赋予的使命和任务

习近平总书记出席第二届联合国全球可持续交通大会开幕式并发表主旨讲话，充分肯定了我国交通运输发展成就，赋予了交通成为中国现代化开路先锋的新使命新定位，为新时代交通运输发展注入了强大力量。党中央对全面建设社会主义现代化国家作出一系列重大决策部署，国家“十四五”发展规划对加快建设交通强国、推动铁路高质量发展提出了明确要求，要完整、准确、全面贯彻新发展理念，深化铁路供给侧结构性改革，实现更高质量、更有效率、更加公平、更可持续、更为安全的发展，服务构建新发展格局。奋进新征程、建功新时代，铁路要在综合交通运输体系中发挥骨干作用，当好中国现代化的开路先锋。

要守住安全底线，提升安全监管效力，防范化解重大安全风险，确保铁路安全持续稳定，为铁路高质量发展提供可靠的安全保障。要坚持创新驱动，坚持质量第一、效益优先，切实转变发展方式，持续推动质量变革、效率变革、动力变革，实现设施网络更加健全完善，运输服务更加优质高效，技术装备更加智能先进，行业发展更加健康持续。要坚持立破并举，推动建设高效规范、公平竞争、充分开放的全国统一大市场，推动有效市场和有为政府更好结合，进一步激发市场主体活力，更好服务经济社会发展，更好满足人民群众需要。要坚持绿色发展，推进实施碳达峰碳中和行动，进一步打好污染防治攻坚战，为生态文明建设作贡献。要服务高质量共建“一带一路”，建立完善合作对接机制，推动基础设施“硬联通”、制度规则“软联通”。要推进法治政府部门建设，增强法治意识，更加注重运用法治思维和法治方式推动工作，统筹推进安全监管、质量监管、市场监管，完善监管体系，补齐监管短板，不断提升监管效能和服务水平，不断增强人民群众的获得感幸福感安全感。

（三）中欧班列重大发展机遇

2022 年中欧班列面临重大发展机遇主要体现在：

一是国际经贸发展环境总体有利。中欧班列受到沿线国家的普遍欢迎和高度期待。中欧班列历经多年发展和此次“疫情大考”，市场价值、经济意义和重要作用得到沿线国家的普遍认可，成为沿线国家共同建设、共同维护的国际贸易大通道，众多新参与国家表达了深化合作、共享发展的强烈意愿，中欧班列的“朋友圈”持续扩大。我国与中欧班列沿线国家间的货物贸易额总体呈稳定增长态势，经贸合作稳健发展并持续深化。疫情暴发以来，得益于我国经济发展和疫情防控保持全球领先地位，中欧贸易逆势增长、屡创新高，中国成为欧盟最大的贸易伙伴，中俄贸易实现强劲增长，中国与中东欧国家间贸易额也突破千亿美元。

二是国际运输市场空间大有可为。当前，国际供应链正在更加兼顾韧性、效率和成本的基础上，实现优化调整和重塑。作为稳定国际供应链的重要支撑，中欧班列已成为国际贸易和运输体系不可或缺的重要组成部分，必将持续发挥重要作用。在全球环境与气候治理以及各国绿色发展的带动下，中欧班列依托节能环保优势在绿色供应链中体现的生态价值和社会效益，也将使其得到更多市场主体的青睐。应疫情防控常态化需要，中欧班列仍将承接相当数量的防疫物资。此外，疫情影响下的“宅经济”、跨境电商等领域仍将保持快速发展态势，进一步扩大生活快消品、汽车零配件等中欧班列传统优势货类的规模。

三是国内区域发展格局正向加持。在新一轮西部大开发战略和有关政策的引领下，部分产业呈现较好的由东向西梯度转移趋势，中西部地区全方位开放态势良好，对外贸易量持续增长，中欧班列本地货源需求基础日趋牢固。区域经济发展的协同性和辐射带动性逐渐增强，有助于优化中欧班列开行布局，提升规模经济效应。在国家重大区域发展战略引领下，区域经济联系更加畅通紧密，这对深入推动中欧班列集结中心建设、优化“枢纽对枢纽”的网络格局、打造高效集疏运体系、凝聚区域发展合力等起到积极正向的加持作用。

二、2022年铁路行业发展目标

2022年铁路行业要以习近平新时代中国特色社会主义思想为指导，全面贯彻落实党的十九大和十九届历次全会及中央经济工作会议精神，深入贯彻习近平总书记对铁路工作的一系列重要指示批示精神，弘扬伟大建党精神，坚持稳中求进工作总基调，完整、准确、全面贯彻新发展理念，自觉服务和融入新发展格局，进一步聚焦交通强国铁路先行目标任务，统筹疫情防控和铁路重点工作，统筹发展和安全，深化铁路供给侧结构性改革，推进技术创新和管理创新，保障铁路安全稳定、工程建设、装备制造和运输生产平稳有序，突出做好服务支撑“六稳”“六保”工作，不断把全面从严治党引向深入，推动铁路高质量发展取得新成效，为保持经济运行在合理区间、保持社会大局稳定作出铁路应有贡献，以优异成绩迎接党的二十大胜利召开。

2022年铁路发展的主要目标是：安全生产方面，铁路安全保持持续稳定；运输服务方面，国家铁路完成旅客发送量30.38亿人、同比增长20%，货物发送量38.04亿t、同比增长2.1%；工程建设方面，全面完成国家铁路投资任务，高质量推进国家重点工程，投产新线3 300 km以上，其中，普速铁路1 900 km左右。

三、2022年铁路行业发展设想

2022年要认真落实党中央决策部署，准确把握做好经济工作的规律性认识，正确认识和把握面临的新的重大理论和实践问题，紧密结合铁路行业改革发展的形势任务，集中精力做好自己的事，着力抓落实、抓统筹、抓协调、抓保障，推动实施“十四五”铁路发展规划，深化铁路供给侧结构性改革，统筹发展和安全，继续做好“六稳”“六保”工作，毫不放松抓好常态化疫情防控，加快建设交通强国，推动铁路高质量发展，努力当好中国现代化的开路先锋。

（一）确保铁路安全稳定

要牢记确保铁路安全发展第一要务，坚持底线思维和红线意识，坚持问题导向、目标导向和结果导向，全面夯实安全基础，全面管控安全关键，全面强化铁路安全综合保障，促进铁路行业本质安全水平持续提升，实施依法、精准、全面、系统、高效监管，压实各方责任，守住安全底线，有效防范和化解各类安全风险，确保不发生铁路交通重特大事故，维护铁路安全持续稳定的良好局面，更好服务平安中国建设。

落实好企业安全生产主体责任，加强应急能力建设，进一步健全铁路人防、物防、技防“三位一体”安全保障体系。贯彻落实新《安全生产法》《行政处罚法》，编制安全生产权责清单，健全完善安全监管相关制度办法，营造尊法学法守法用法氛围，增强法治思维，推进依法行政、规范履职。

推动维护铁路沿线社会环境稳定。深化完善工作机制，充分发挥部际联席会议制度、厅际联席会议制度、“双段长”制等机制作用，加大协调力度，着力破解重点难点问题，巩固提升铁路沿线安全环境治理成效。坚持生命至上，加强对道口、公铁并行地段、上跨桥等安全隐患的治理，及时消除危及人民群众生命安全的隐患问题。在事故处理和隐患治理过程中，要充分考虑稳定问题，依法妥善处置，有效化解矛盾。推动落实铁路自然灾害监测预警协调机制，积极开展联合会商研判，提高预警防范能力。

针对不同监管对象有序实施分级分类监管，聚焦突破底线和触碰红线的重点问题，精准发力，加大执法力度，强化监管深度，开展专项督查，坚决防范重特大事故发生。综合运用通报、预警、挂牌督办、约谈、追责等多种监管方式，实现对各类铁路、各类企业的监管全覆盖，实施安全、质量、市场秩序的一体化监管，有效推动重点难点问题和结合部问题整治，持续完善对勘察、设计、施工、监理、制造、监造、运营、养护维修和劳务外包的监管措施，不断提高监管效能。

(二)推动铁路创新发展提质增效

统筹各方资源,坚持质量第一、效益优先,持续推动铁路发展由追求速度规模向更加注重质量效益转变、由依靠传统要素驱动向更加注重创新驱动转变、由独立发展向更加注重与其他运输方式一体化融合发展转变,充分发挥企业创新主体作用,持续深化铁路工程建设、装备制造、安全保障、运营管理等领域关键核心技术自主创新。统筹各方力量,推进实施《“十四五”铁路科技创新规划》,深化铁路重点工程关键技术创新,深入推进高铁自主创新,加强重点领域应用型技术创新,加强网络信息化工作,加强科技创新平台建设,制定支持国产化新装备新技术新产品上线运用的政策,强化企业创新主体地位,深化“政产学研用”融合创新,打造战略科技力量,着力激发内生动力,促进铁路科技自立自强。

落实中央人才工作会议精神,有效发挥政府部门作用,统筹各方优势,搭平台、建机制、铺路子、畅渠道,研究建立铁路行业科技人才库、设立铁路行业科学家工作室,引导支持培养铁路战略科学家、科技领军人才等高层次科技人才,同时要注重发现和培养复合型管理人才,不断壮大铁路创新人才队伍。

(三)进一步提升铁路服务保障水平

深化铁路供给侧结构性改革。推动企业优化铁路运输产品供给,推进运输服务市场化、便利化、信息化,创新运输服务模式,提升服务品质,促进良好秩序,保障铁路运输畅通、产业链供应链稳定,做好粮食、电煤、应急、防疫等重点物资运输工作。深化货运增量行动,巩固扩大货运增量成效。深化客运提质计划,提升公益性“慢火车”开行质量,精准推动客运恢复增长。深化复兴号品牌战略,发挥品牌示范引领作用。深化运输组织变革,释放路网整体能力,稳定大宗铁路货物运输,全力做好重要物资和初级产品运输。积极支持发展集装化、冷链运输、高铁货运,引导支持新装备上线应用,推动铁路运输产品升级,促进物流业降本增效。

推进“放管服”改革。进一步深化简政放权、优化服务,落实“证照分离”改革,分类推进许可事项改革,做好权责清单配套细化和落实,服务市场主体,对新产业新业态实行包容审慎监管,强化事中事后监管,不断优化营商环境。推动铁路市场化改革。开展过轨运输、运输清算等重点领域政策研究,有序推进清算体系建设,完善铁路运输市场化运行规则,构建覆盖事前事中事后全环节的竞争政策实施机制,建设铁路高标准市场体系,推动竞争性环节市场化改革，促进铁路运输市场主体多元化和适度竞争，推动实现高效规范、公平竞争、充分开放。

推动铁路行业国企改革三年行动。加强国铁企业治理体系和治理能力建设，深化机制和管理变革，推动国铁资本布局优化和结构调整，推进铁路资产资本化股权化证券化，深化设备修程修制改革，深化劳动用工和分配制度改革，激发企业发展活力。

（四）推动铁路健康可持续发展

协调推动综合交通运输体系建设。科学优化综合运输通道和枢纽布局，推进干线铁路、城际铁路、市域（郊）铁路、城市轨道交通融合发展，推进铁路与其他运输方式战略规划协同、基础设施联通、运输服务联程、信息数据融合，提升设施网络化和运输服务一体化水平。

协调推进规划建设。围绕完善综合立体交通网，加强战略骨干通道建设，统筹实施干线通道补强、点线能力配套等项目，协调推动重点区域和都市圈城际、市域（郊）铁路规划建设，推动做好交通强国试点工作，加强区域铁路网规划和重大建设项目研究，扎实推进沿江高铁、西部陆海新通道等重大工程，服务国家区域协调发展战略和乡村振兴战略实施。推动铁路制度体系建设。

协调加快推进《铁路法》修订进程。按照国家铁路局制度体系建设方案，推进《铁路技术规则》《铁路运输安全监督管理办法》《铁路公益性运输监督管理办法》《铁路建设管理办法》《铁路设备设施质量安全监督管理办法》等规章和规范性文件的制修订工作。

推进铁路标准体系建设。规范整合现有零散标准，推进重点标准研究和制修订，健全完善标准管理制度，推动标准向谱系化、一体化发展。

协调增强监管合力。加强沟通协调，进一步做好铁路行业统计、关键信息基础设施安全保护以及信用监管、委托监管等工作，不断汇聚铁路发展合力。

（五）推动绿色低碳发展

推进落实铁路行业碳达峰碳中和行动。推动加快实施既有铁路电气化改造，加强铁路客站及调车作业等重点领域能耗和排放管理，推进新一代高效节能、低碳环保设施设备研制应用，发展绿色节能铁路建筑，开展相关标准研究，不断降低铁路综合能耗。

打好污染防治攻坚战。持续推进运输结构调整，提升铁路与其他运输方式衔接协同和一体化发展水平，协调有关部门联合加快推进铁路专用线重点项目以及铁路集疏运项目建设，大力发展多式联运，提高“公转铁”承接能力，提升铁路运输市场比重，推动综合交通运输体系绿色转型。做好生态环境保护。在铁路建设中督促指导参建企业多措并举保护沿线环境，严格落实铁路建设环境保护相关政策措施。

（六）加强铁路国际交流合作

推动中欧班列高质量发展，不断提高班列集约化运营水平。研究建立中欧班列沿线国家政府部门间合作机制，发挥国际组织和多双边机制作用，做好政策沟通和规则对接，搭建中欧班列信息交流平台，确保境外通道安全畅通；推动“卡脖子”区段和口岸堵点的升级改造，支持西部陆海新通道建设，推动完善中欧班列境外通道布局，保障中欧班列长期稳定高质量发展。

推进共建“一带一路”重点项目。与老挝建立政府间合作机制，做好中老铁路运维和安全保障，确保运营安全稳定。推进巴基斯坦1号干线、中老泰、中尼、中吉乌、中蒙俄等铁路项目工作进程。

持续推动铁路标准国际化。加大在国际标准化组织等国际组织中的工作力度，开展好由我国主持的标准制修订工作，完成27项国际标准制修订和30项标准英文译本编制发布，推进标准“软联通”，服务中国铁路建设、装备、产品“走出去”。

四、2022年铁路行业发展的重要举措

（一）全面加强党的领导

铁路事业之所以能够砥砺前行、不断取得新成就，最根本的原因是始终坚持和加强党的领导。铁路是现代综合交通运输体系的重要组成部分，是中国现代化开路先锋的主力部队。2022年要从历史中汲取智慧和力量，坚持好、发扬好、运用好党领导铁路事业发展的重要经验，把政治建设摆在首位，坚持以习近平新时代中国特色社会主义思想为指导，深刻理解把握“两个确立”的决定性意义，不断增强“四个意识”、坚定“四个自信”、做到“两个维护”。严格遵守政治纪律和政治规矩，着力提升党内政治生活质量，发展积极健康的党内政治文化。强化理论武装，不断增强党组织的凝聚力和战斗力。学深悟透习近平新时代中国特色社会主义思想，着力促进融会贯通、知行合一。加强思想政治工作，守牢意识形态阵地。

（二）科学精准做好铁路疫情防控工作

坚持“外防输入、内防反弹”，因时因势调整、细化和完善铁路防控措施，强化路地联动，完善疫情预防控制体系，做到科学防控、精准防控。铁路运输企

业严格落实铁路冷链运输、国际联运及客货运输等重点环节和铁路口岸、站车等重点部位的防控责任和具体措施，提升疫情应急水平，防止疫情通过铁路运输环节传播扩散，为人民群众提供安全健康的出行保障。行业内各企业抓好内部防控，做好人员、货物、设备、票据的管控、消杀等工作，确保从业人员不发生聚集性感染问题。

(三)开创铁路运输经营新局面

要深化货运增量行动，继续把以货补客作为运输经营的大格局，全力保障关系国计民生的重点物资运输，构建铁路一体化集疏运体系，通过改革创新提升货运服务质量，大力拓展现代物流业务，巩固扩大货运增量成效。要深化客运提质计划，积极推出符合客流特点的客运产品，稳妥推进客运价格市场化改革，打造铁路客运多层次服务体系，不断强化普惠服务，精准推动客运恢复增长。要深化复兴号品牌战略，深入推进复兴号动车组系列化研制和产业化应用，进一步扩大智能复兴号动车组覆盖范围，发挥品牌示范引领作用，不断推出服务提质新举措。

要在深化运输组织变革上下功夫。要优化高速和普速、客运和货运列车开行结构，合理安排枢纽客站和编组站作业分工，进一步释放发达路网红利。要以南部和中部高铁网运行图优化为重点，实施高铁网运行图整体优化，促进线路装备资源、市场的适配性和高效利用。要统筹新增和既有线路能力利用，打破既有利益格局，动态优化径路，进一步畅通大能力主通道。要加快实施运输急需项目，打通干线堵点。要实施运输信息集成平台功能升级，完善路网能力利用评价机制，精准实施日常运输分析考核，高效组织运输生产。

要在着力提升多元经营质效上见实效。要把多元经营摆在提高铁路企业效益的战略位置，依托铁路丰富的资产和市场资源，实施一批创新创效项目，壮大实体产业。要深化细化铁路土地开发前期工作，稳慎推进既有土地项目开发，做好第二批铁路土地授权经营工作。要拓展站车商业规模，释放广告资源效益，推进酒店旅游企业重组和纾困工作。要加快推进重点项目实施，推动制造维修业务加快转型升级。要提升涉铁工程业务建设管理能力，拓展互联网＋、工程咨询、信息科技服务等经营项目，发展国铁物资、融资租赁等经营平台，把铁路多元经营做强做优做大。

(四)推进中欧班列高质量发展再上新台阶

中欧班列是共建“一带一路”的旗舰项目和明星品牌，做好中欧班列工作意义重大、使命光荣，要继续贯彻落实好党中央、国务院决策部署，聚焦高质量发展主题，围绕“巩固稳定提升”主线，全力推进中欧班列安全稳定运行。

一是着力强化中欧班列设施保障能力。深入落实中欧班列“$1+N+X$”政策体系。以瓶颈路段和拥堵口岸为重点，积极推动中欧班列西、中、东通道“卡脖子”路段升级改造，大力拓展与中东欧、中亚、西亚、东南亚等国家间的运行新通道，加快推进阿拉山口、二连浩特、满洲里等重点口岸站扩能改造。大力推进中欧班列集结中心示范工程建设，加快提升枢纽节点综合服务能力，促进基础设施集约高效发展，增强辐射带动作用，推动中欧班列开行由“点对点”向“枢纽对枢纽”转变。

二是着力提升中欧班列开行质量效益。持续优化运输组织，大力拓展回程货源，促进运输资源集约高效利用。切实加强品牌管理，从运行效率、服务质量、创新能力、品牌文化等多方面打造品牌形象、丰富品牌内涵，进一步提升中欧班列知名度和影响力。不断优化通关流程，缩短通关时间。坚持质量第一、效率优先，加快完善以质量为导向的考核评价体系，发挥好“指挥棒”作用，将更多运输资源向开行质量好的企业和线路倾斜。

三是着力增强中欧班列持续发展动力。加快中欧班列信息平台、智慧口岸建设，努力打造“数字班列”“智慧班列”。创新服务模式，完善多式联运服务，推进中欧班列与丝路海运、西部陆海新通道等联动发展，打造“精品班列”“定制班列”。充分挖掘沿线国家和地区丰富的人文历史资源，在条件成熟时，探索开行“人文班列”“旅游班列”。积极探索“运贸一体化”，与“一带一路”沿线国家制造商、贸易商直接合作，进一步提升附加值和盈利能力。

四是着力构建中欧班列国际合作网络。稳步推进沿线国家政府间合作，抓紧对接与我国共建意愿强烈的国家，拓展中欧班列国际合作网络。继续用好中欧班列运输联合工作组这个国际合作平台，在运输组织、运价协调、线路拓展等方面加强沟通协调，维护好、建设好、运营好中欧班列统一品牌。结合重要时间节点，统筹加强中欧班列宣传，讲好中欧班列故事。

五是着力防控中欧班列运行风险。统筹疫情防控和中欧班列开行，进一步提高应急处置能力。完善安全风险评估和监测预警机制，密切与沿线国家相关部门沟通交流，及时发布中欧班列运行安全预警信息。用好中欧班列沿线国家执法安全合作会商机制，加强安全运输技术体系建设，引导企业完善人防、物防、技防“三位一体”安保措施，为中欧班列安全稳定运行提供坚强保障。

（五）全面加强铁路基础设施建设

认真落实全面加强基础设施建设的重点任务，推动铁路建设高质量发展。

坚持立足长远、适度超前、科学规划、多轮驱动、注重效益，强化铁路规划建设对国土空间开发保护、生产力布局和国家重大战略的支撑，实现“新基建”与“老基建”融合发展；超前布局有利于引领产业发展和维护国家安全的重点项目；立足铁路基础设施全生命周期科学规划，统筹铁路与其他交通方式，做到集约高效、智能绿色、安全可靠；分层分类加强铁路规划建设，更好发挥政府和市场、中央和地方、国有资本和社会资本等各方面作用；突出铁路公共产品的性质，既算经济账，又算政治账、综合账，切实提高重点铁路项目全生命周期的综合效益。

把联网、补网、强链作为建设重点，高质量推进沿江沿海沿边、出疆入藏、西部陆海等战略骨干通道建设，扎实做好新藏铁路规划建设和滇藏铁路前期工作。深化铁路信息化、数字化、智能化建设，优化铁路货运综合枢纽功能，加强大宗货物运输通道建设，推动干线铁路、城际铁路、市域(郊)铁路、城市轨道交通“四网融合”发展。进一步推进技术创新和管理创新，持续深化铁路投融资体制改革，为加强铁路基础设施建设提供支撑。

(六)加快推进2022年—2023年铁路专用线等重点项目建设

为贯彻落实党中央、国务院决策部署，落实《国务院办公厅转发国家发展改革委、交通运输部关于进一步降低物流成本实施意见的通知》(国办发〔2020〕10号)、《国务院关于加快建立健全绿色低碳循环发展经济体系的指导意见》(国发〔2021〕4号)等有关文件要求，深入推进运输结构调整，进一步提高沿海主要港口、大型工矿企业和物流园区铁路专用线接入比例，解决好铁路运输“最后一公里”问题，促进货运降本增效，打造绿色物流体系。国家发展改革委、自然资源部、交通运输部、国家铁路局、中国国家铁路集团有限公司等相关部门要严格落实工作职责、加大政策支持力度、做好规划衔接和实施监管等工作；省级发改部门、交通运输部门要落实属地责任和主体责任，完善重点项目推进机制；国铁企业要严格落实铁路专用线接轨等管理规定，切实推动铁路专用线建设，服务运输结构调整工作。

号角声声战鼓擂，风雨无阻向前进。2022年，铁路行业面临的机遇大于危机、机会大于风险，需要顺应发展趋势，保持战略定力和耐心，深入围绕“十四五”规划，开启新时代高质量发展新征程，以优异成绩迎接党的二十大胜利召开。

附　录

附录 A 中国国家铁路集团有限公司

一、公司简介

中国国家铁路集团有限公司是经国务院批准、依据《中华人民共和国公司法》设立、由中央管理的国有独资公司。经国务院批准，公司为国家授权投资机构和国家控股公司。公司注册资本为 17 395 亿元，由财政部代表国务院履行出资人职责 。中国国家铁路集团有限公司以铁路客货运输为主业，负责铁路运输统一调度指挥，统筹安排国家铁路运力资源配置，承担国家规定的公益性运输任务，负责铁路行业运输收入清算和收入进款管理。接受行政监管和公众监督，负责国家铁路新线投产运营的安全评估，保证运输安全，提升服务质量，提高经济效益，增强市场竞争能力。图 A-1 为一列动车组列车行驶在京张高铁上。

图 A-1 一列动车组列车行驶在京张高铁上

二、经营态势

2021 年，中国国家铁路集团有限公司坚守盈亏底线目标不动摇，坚持客货并举、增收节支双向发力，运输和非运输经营开发协力同增。加强全面预算管理，严格以收定支、收支弹挂，完善铁路行业市场化清算体系，推进铁路运输分类核算，强化经营业绩考核，尽最大努力提升经营质量。推进资源和市场优势产业链经营开发取得实效，一批地综合开发项目落地实施。牢固树立过“紧日子”的思想，千方百计控制成本支出总量。强化国铁企业资产负债约束，持续清理风险债权。强化内部审计监督，促进国有资产保值增值。

（一）经营状况。2021 年，中国国家铁路集团有限公司实现营业收入 1.13 万亿元，同比增长 6.1%；净亏损 498.55 亿元，上年同期为亏损 554.86 亿元。客运方面，受疫情多点散发影响，客流恢复势头屡遭重挫，全路客运工作始终面临巨大压力。面对严峻挑战，客运系统对标全年任务目标，坚持量收并举，积极推进客运提质计划，更加精准实施“一日一图”动态优化客运供给，最大限度降低疫情影响。2021 年，国家铁路旅客发送量实现恢复性增长，达到 25.3 亿人、同比增长 16.9%，其中，动车组 19.2 亿人、同比增长 23.5%。2021 年，客运收入完成 3 021 亿元、同比增长 21.7%。

货运方面，坚持把以货补客作为全年运输经营的大格局，深入实施货运增量行动，全面优化货运布局，释放煤运大通道运力，大力发展多式联运，实施铁路 95306 整体升级，促进货运量持续增长。国家铁路货物发送量连续三年保持增长，2021 年达到 37.2 亿 t，同比增长 4.0%，其中，集装箱运量同比增长 23.5%。2021 年，货运收入完成 4 359 亿元、同比增长 8.4%。国铁集团主要经营指标见表 A-1，如图 A-2～图 A-4 所示。

表 A-1　中国国家铁路集团有限公司主要财务指标

指　　标	年　　份				
	2017 年	**2018 年**	**2019 年**	**2020 年**	**2021 年**
营业收入（亿元）	10 154.49	10 955.31	11 605.27	10 667.84	11 313.46
总资产（万亿元）	7.65	8.00	8.31	8.71	8.92
总负债（万亿元）	4.99	5.21	5.49	5.71	5.92
营业利润（亿元）	519.28	551.28	289.31	−303.00	−293.48
净利润（亿元）	18.19	20.45	25.24	−554.86	−498.55
资产负债率（%）	65.21	65.15	65.98	65.62	66.33

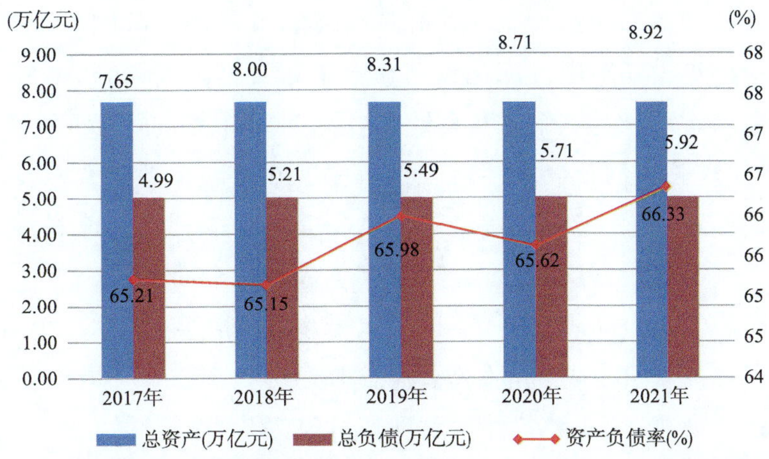

图 A-2　中国国家铁路集团有限公司 2017 年—2021 年总资产、总负债及负债率

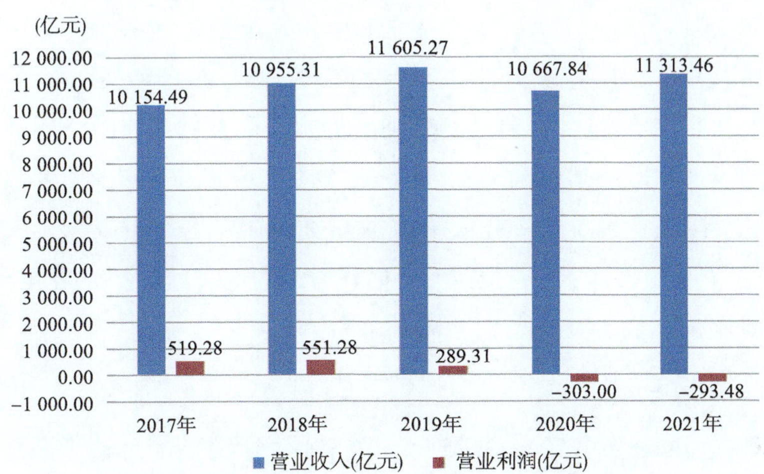

图 A-3　中国国家铁路集团有限公司 2017 年—2021 年营业收入、营业利润

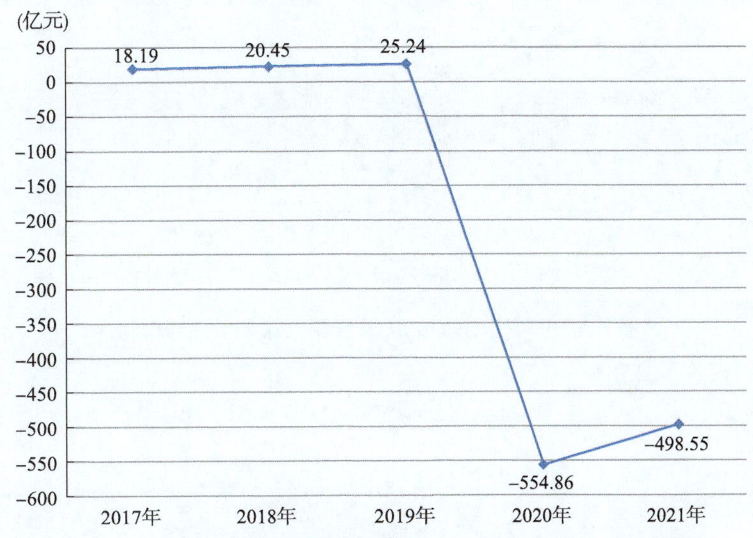

图 A-4　中国国家铁路集团有限公司 2017 年—2021 年净利润

（二）科技创新。2021 年，中国国家铁路集团有限公司成功研制开行高原内电双源动力集中动车组。深化铁路重点工程关键技术创新，牵头实施 20 项国家重点专项，协调组建国家川藏铁路技术创新中心，成都研发基地开工建设，重大科技攻关和创新成果转化工作有序展开。深化高速铁路技术创新，时速 350 km 设备服役性能对比综合试验取得重要成果；“CR450 科技创新工程”纳入国家“十四五”规划纲要，重大项目和重大课题全面启动。

深入实施复兴号品牌战略，推进复兴号系列开发实现对 31 个省区市全覆盖。持续深化高铁自主创新，形成了涵盖时速 160、250、350 km 等不同速度等级，适应高原、高寒、风沙等冬种运营环境的复兴号系列产品。

（三）环境保护。2021 年，国家铁路能源消耗折算标准煤 1 580.74 万 t，比上年增加 85.86 万 t，增长 5.7%。单位运输工作量综合能耗 4.07 t 标准煤/百万换算吨公里，比上年减少 0.16 吨标准煤/百万换算吨公里，下降 3.9%。单位运输工作量主营综合能耗 4.02 吨标准煤/百万换算吨公里，比上年减少 0.15 吨标准煤/百万换算吨公里，下降 3.5%。国家铁路化学需氧量排放量 1 611 t，比上年减排 12 t。二氧化硫排放量 2 000 t，比上年减排 1 000 t。国家铁路运输工作量综合单耗、主营单耗如图 A-5 所示，国家铁路化学需氧量、二氧化硫排放量如图 A-6 所示。

图 A-5　国家铁路运输工作量综合单耗、主营单耗

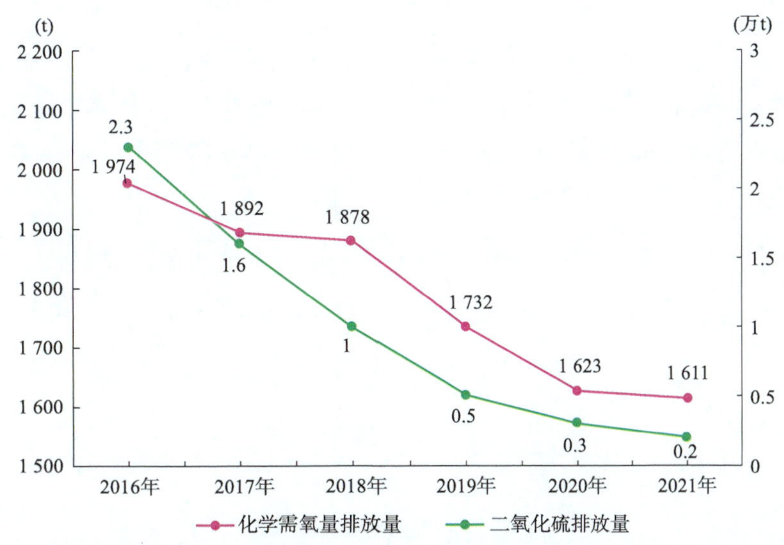

图 A-6 国家铁路化学需氧量、二氧化硫排放量

(四)社会责任。2021 年，中国国家铁路集团有限公司发挥路网运力统一调配优势，关系国计民生的电煤和重点物资运输得到有效保障。针对一些地方一度出现的电力、煤炭供需紧张，干扰影响经济社会正常秩序的突出矛盾，中国国家铁路集团有限公司迅速行动，充分发挥全路“一张网”和运输集中统一指挥的优势，及时调整运输结构、增加货运能力、坚守电煤保供底线、确保电煤和国家重点物资运输，在全路开展电煤保供专项行动。四季度，国家铁路电煤日均装车 60 002 车、同比增长 25.5%；单日装车多次刷新历史纪录。在艰难时刻充分发挥了铁路在综合交通运输体系中的骨干作用，在关键领域有力维护了国家能源安全和经济社会平稳运行。

扎实推进老少边及脱贫地区铁路建设，全年完成投资 3 728.8 亿元、占铁路基建投资的 74.9%，又有 25 个县结束了不通铁路的历史。持续优化脱贫地区客运列车开行，提升公益性“慢火车”开行质量，运送旅客 1.7 亿人、同比增长 12.2%；强化涉农物资运输服务保障，运送货物 7.2 亿 t、同比增长 3.8%，减免费用 14.8 亿元。严格落实“四个不摘”要求，向中央和省级定点帮扶地区投入资金 2.37 亿元，完成消费帮扶 6.7 亿元。

(五)推动企业改革。2021 年，中国国家铁路集团有限公司深化管理和机制变革，优化调整站段布局，试点推进机辆一体化管理改革，扎实推进高铁综合维修一体化改革，深化高铁基础设施段改革试点，统筹推进动车组、和谐型机车修程修制改革，巩固深化货车事业部管理改革成果，完成物资供应单位改革。国家铁路从业总人数每换算公里用工 16.3 人、同比减少 0.5 人；动车组、机车、客车、货车故障率同比分别下降 21%、11%、34%、2%。

深入推进铁路资产资本化股权化证券化，完成大秦公司可转债发行上市，完成金鹰重工、中铁特货股改上市，铁路基础设施 REITs 试点项目有序推进，推进沪昆客专浙江省和武广客专广东省路地股权调整，国铁出资进一步向干线集中，实施 7 个省域、31 家合资公司重组，其中 6 个省域公司可实现地方控股，地方政府优势得到更好发挥，国铁在支持地方发展的过程中资本布局进一步优化。

附录 B　中国神华能源股份有限公司

一、公司简介

中国神华能源股份有限公司于 2004 年 11 月在北京成立，是全球领先的以煤炭为基础的综合能源上市公司。截至 2021 年底，公司资产规模 6 071 亿元，总市值超过 4 400 亿元，主要经营煤炭、电力、铁路、港口、航运、煤化工六大板块业务。2021 年，中国神华能源股份有限公司在普氏能源资讯公布的"全球能源公司 2021 年度 250 强"榜单中，名列总榜第 2 位、中国企业第 1 位。图 B-1 为能源保供列车行驶在新朔准池铁路线上。

图 B-1　能源保供列车行驶在新朔准池铁路线上

二、经营态势

2021 年，中国神华能源股份有限公司坚持市场导向，加强资源组织和运输调度，充分发挥煤电化运全产业链一体化资源和规模优势，确保能源安全稳定供应，不断提升价值链创效能力，整体竞争力持续加强。

(一)财务状况。2021 年，中国神华能源股份有限公司总资产 6 070.52 亿元，较上年末基本持平。自有铁路运输周转量为 3 034 亿吨公里，同比增长 6.2%。全年铁矿、锰矿、化工品等非煤货物运量达 18.7 百万吨，反向运输货物量达 16.3 百万吨。神华公司主要经营指标见表 B-1，表 B-2，如图 B-2～图 B-5 所示。

表 B-1　中国神华能源股份有限公司主要财务指标

指　　标	年　　份				
	2017 年	2018 年	2019 年	2020 年	2021 年
营业收入(亿元)	2 487.46	2 641.01	2 418.71	2 332.63	3 352.16
总资产(亿元)	5 671.24	5 872.39	5 584.84	5 584.47	6 070.52
总负债(亿元)	1 924.97	1 827.89	1 428.65	1 333.17	1 613.76
营业利润(亿元)	711.02	731.46	666.29	634.90	782.42
净利润(亿元)	540.50	540.41	515.40	472.65	593.59
资产负债率(%)	33.94	31.13	25.58	23.87	26.58

表 B-2　中国神华能源股份有限公司铁路业务指标情况

指　　标	年　　份				
	2017 年	2018 年	2019 年	2020 年	2021 年
营业成本(亿元)	144.46	155.74	162.25	197.96	215.46
营业收入(亿元)	375.86	391.49	397.01	387.23	406.99
毛利率(%)	61.6	60.2	59.1	48.9	47.1
自有铁路运输周转量(十亿吨公里)	273.0	283.9	285.5	285.7	303.4
铁路分部单位运输成本(元/吨公里)	0.050	0.052	0.053	0.066	0.068

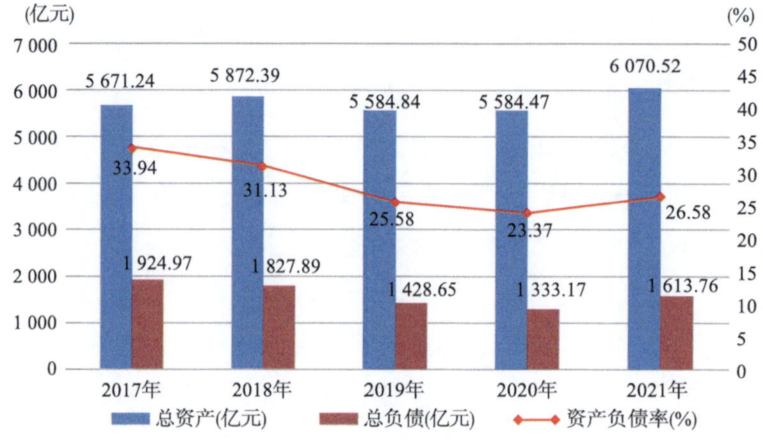

图 B-2　中国神华能源股份有限公司 2017 年—2021 年总资产、总负债及负债率

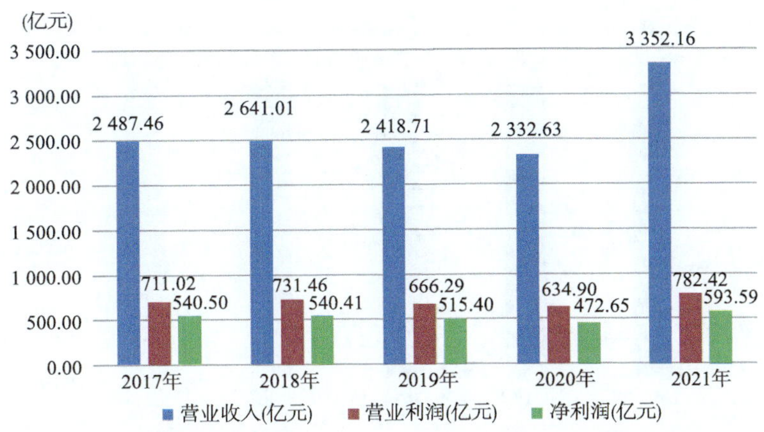

图 B-3　中国神华能源股份有限公司 2017 年—2021 年营业收入、营业利润及净利润

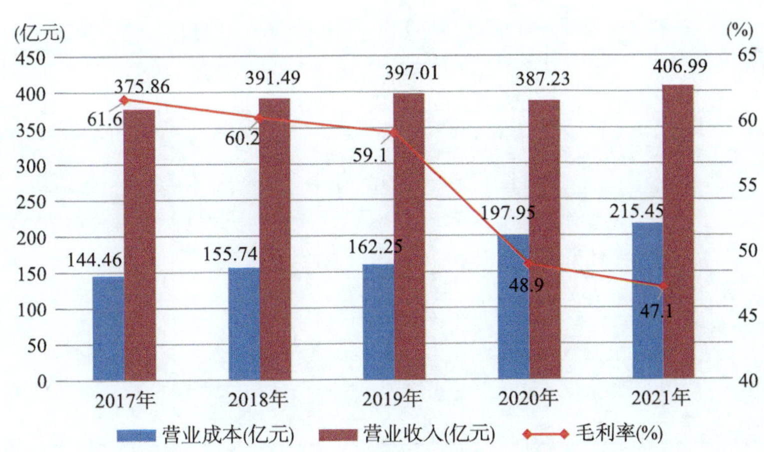

图 B-4　中国神华能源股份有限公司 2017 年—2021 年铁路业务成本、营收及毛利率

(二)科技创新。2021 年,中国神华能源股份有限公司承担国家级重点实验室在研国家重点研发项目 7 项,相关成果获国家科技进步奖 1 项、省部级奖励 3 项、行业级科技奖励 85 项及国家能源集团科技奖励 42 项。国内首条采用移动闭塞系统的重载铁路开通运行,首个自主可控智能分散控制系统成功应用。世界首家实现翻堆取装全流程设备智能化管控的煤炭港口顺利建成投运。生产运营协同调度系统、应急指挥平台和 ERP 一体化的工业互联网平台全面上线运行。2021 年,中国神华能源股份有限公司重点推进煤矿智能化技术、重载铁路基础设施智能运维技术、煤电机组综合节能技术等研究,共获得授权专利 754 项,其中发明专利 199 项。研发情况具体见表 B-3,如图 B-6、图 B-7 所示。

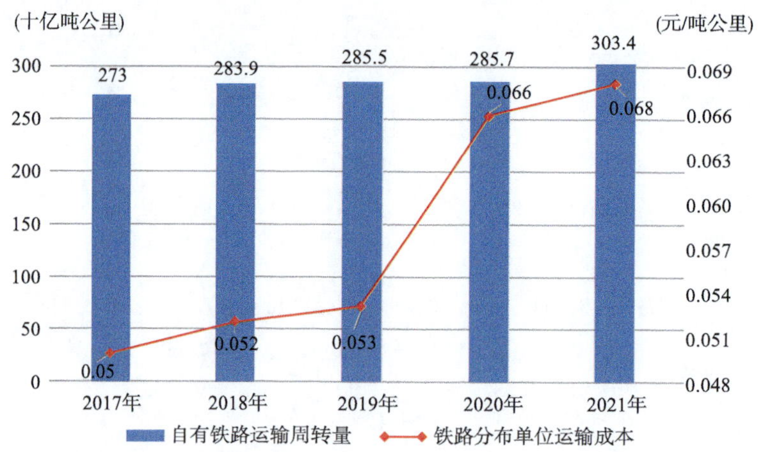

图 B-5　中国神华能源股份有限公司 2017 年—2021 年铁路业务指标情况

表 B-3　中国神华能源股份有限公司研发投入情况表

指　标	年　份				
	2017 年	2018 年	2019 年	2020 年	2021 年
研发投入（亿元）	8.63	8.60	12.45	21.49	33.47
研发投入总额占营业收入比例（%）	0.3	0.3	0.5	0.9	1
公司研发人员数量（人）	2 380	2 603	2 654	2 904	2 619
研发人员数量占公司总人数比例（%）	2.7	3.0	3.5	3.8	3.4

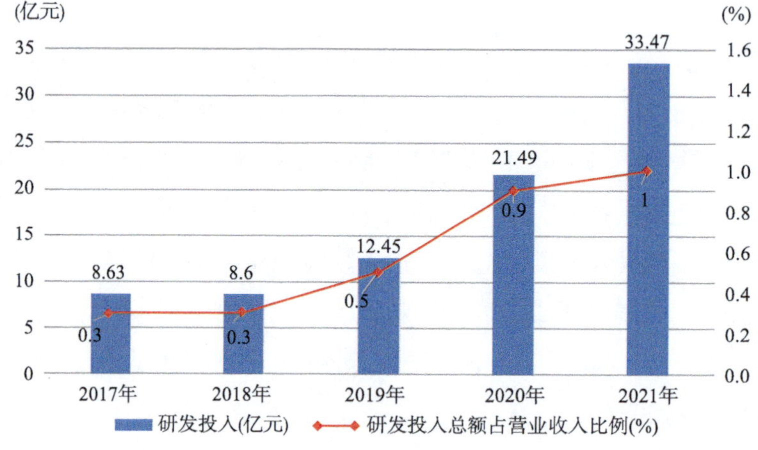

图 B-6　中国神华能源股份有限公司 2017 年—2021 年研发投入占比

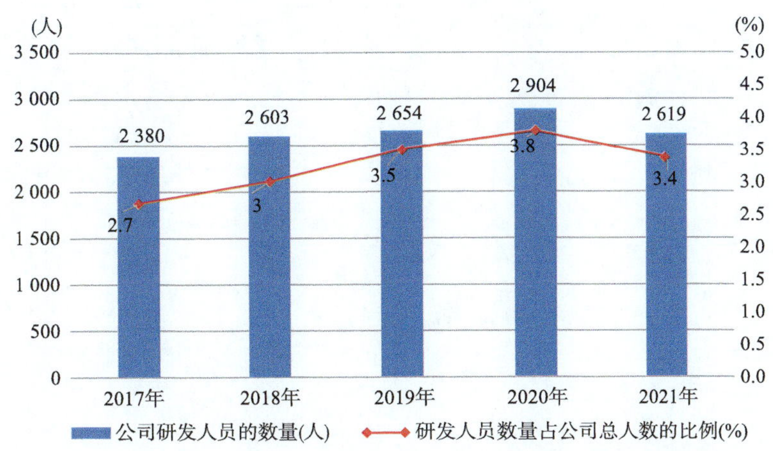

图 B-7　中国神华能源股份有限公司 2017 年—2021 年研发人员数量及占比

(三)环境保护。2021 年,中国神华能源股份有限公司持续深入开展污染防治攻坚,全面推进绿色矿山、绿色运输、绿色电力、绿色化工建设,公司环保投入达到 23.45 亿元,较上年增长 11.7%。继续实施铁路装车站台封闭改造和筒仓建设,严格按照规定喷洒抑尘剂。新朔铁路开工建设安装隧道粉尘监控设备 1 205 个,朔黄铁路 6 个货场完成地面硬化和安装防尘网。环保投入如图 B-8 所示。

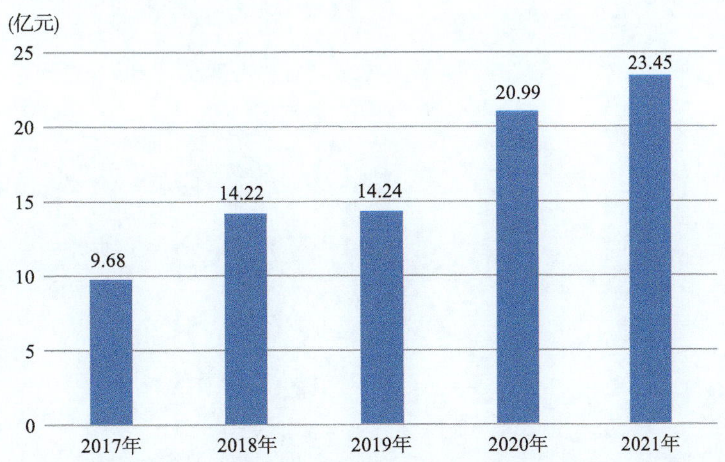

图 B-8　中国神华能源股份有限公司 2017 年—2021 年环保投入金额

(四)社会责任。2021 年,中国神华能源股份有限公司共投入定点扶贫县帮扶资金约 1.23 亿元,实施教育帮扶,医疗健康帮扶,饮水安全帮扶,基础设施建设,产业帮扶,生态帮扶,党建帮扶等项目 20 个,培训技能人才、基层干部 3 414 人次，引进外部资金 70 万元，通过购买、销售农产品共计消费帮扶 2 990 多万元。此外，所属 16 个子分公司开展地企共建、属地援助等帮扶捐赠 35 项，共计投入资金约 1.33 亿元。

附录 C　京沪高速铁路股份有限公司

一、公司简介

京沪高速铁路股份有限公司于 2007 年 12 月 27 日在北京创立，是铁路行业唯一引入社会现金投资者和中外合作经营的铁路公司，践行铁路建设投融资体制改革的新模式。京沪高铁公司作为京沪高速铁路及沿线车站的投资、建设、运营主体，通过委托运输管理模式，委托京沪高速铁路沿线的北京局集团公司、济南局集团公司和上海局集团公司对京沪高铁进行运输管理，并将牵引供电和电力设施运行维修委托中铁电气化局集团进行管理。图 C-1 为京沪高铁列车驶出上海虹桥车站。

图 C-1　京沪高铁列车驶出上海虹桥车站

二、经营态势

2021 年，京沪高速铁路股份有限公司在抓好疫情防控的基础上，不断深化强基达标、提质增效、节支降耗工作主题，推进运输能力优化、设备维修养护、品牌塑造宣传等基础性工作，为疫情形势好转后迅速恢复运力运量奠定基础。全年京沪高铁本线列车运送旅客 3 529.1 万人次，同比增长 27.1%；跨线列车运营里程完成 7 250.4 万列公里，同比增长 4.8%；2021 年 5 月 4 日创下京沪高铁全线运送旅客 79.8 万人次的新纪录；京福安徽公司管辖线路列车运营里程完成 2 941.8 万列公里，同比增长 24.4%。

（一）财务状况。2021 年，实现营业总收入 293.05 亿元，比上年增长 16.11%；营业总成本 230.61 亿元，比上年同期增长 8.7%；营业利润 62.45 亿元，比上年同期增长 55.04%；总资产 2 952.52 亿元，较上年末变动幅度不大。路网使用费及运输业务服务费较上年同期分别增加 1 054.06 万元和 1.28 亿元，增幅分别为 78.42%和 100.00%，主要系同比疫情防控形势向好，公司线路旅客运量、列车开行数量均较同期增加，相应路网使用费及运输业务服务费支出增加。主要经营指标见表 C-1、表 C-2，如图 C-2～图 C-4 所示。

表 C-1　京沪高速铁路股份有限公司主要财务指标

指　　标	年　　份				
	2017 年	**2018 年**	**2019 年**	**2020 年**	**2021 年**
营业收入（亿元）	295.55	311.58	348.56	252.38	293.05
总资产（亿元）	1 777.27	1 757.10	3 150.37	3 008.63	2 952.52
总负债（亿元）	333.45	275.37	853.50	923.80	841.48
营业利润（亿元）	120.71	136.63	145.80	40.28	62.45
净利润（亿元）	90.53	102.48	106.02	25.01	42.15
资产负债率（%）	18.76	15.67	27.09	30.70	28.50

表 C-2　京沪高速铁路股份有限公司主要铁路运输财务指标

指　　标	年　　份				
	2017 年	**2018 年**	**2019 年**	**2020 年**	**2021 年**
营业收入（亿元）	155.67	157.91	326.64	248.38	288.49
营业成本（亿元）	103.26	101.84	161.03	173.23	187.99
营业利润（亿元）	52.41	52.92	165.61	75.06	100.51
铁路运输毛利率（%）	33.67	33.51	50.70	30.22	34.84

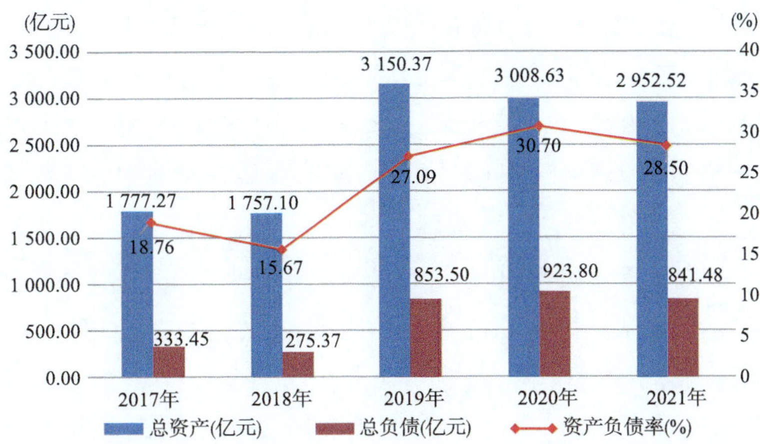

图 C-2　京沪高速铁路股份有限公司 2017 年—2021 年总资产、总负债及负债率

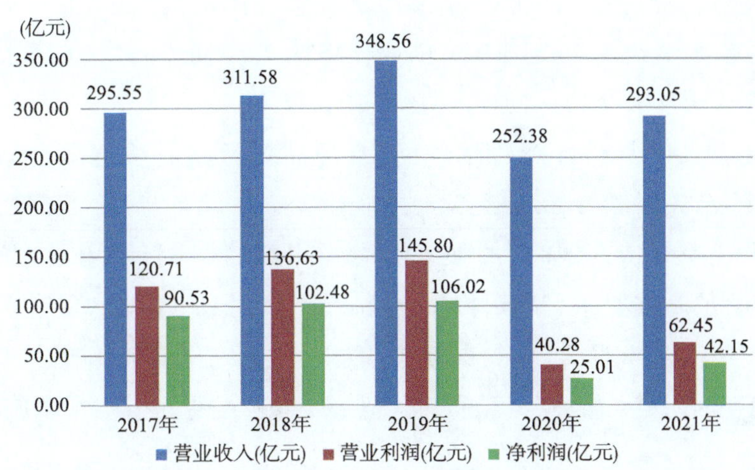

图 C-3　京沪高速铁路股份有限公司 2017 年—2021 年营业收入、营业利润及净利润

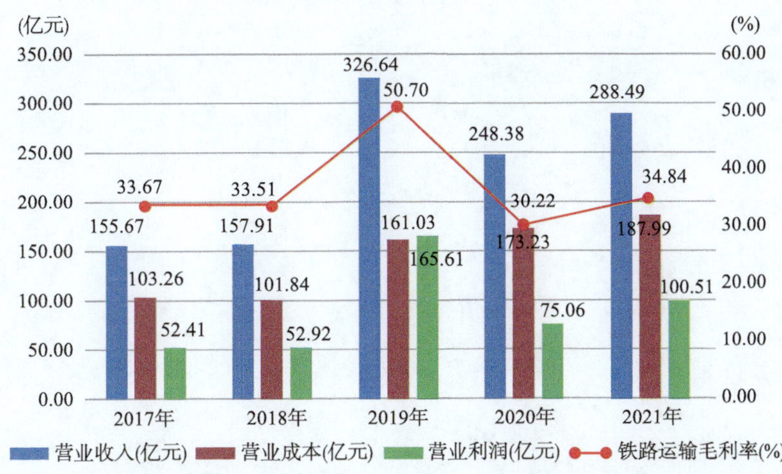

图 C-4　京沪高速铁路股份有限公司 2017 年—2021 年主要铁路运输财务指标

(二)科技创新。2021 年,京沪高速铁路股份有限公司研发投入 1 235.3 万元,较上年变动幅度不大。京沪高速铁路股份有限公司主导自主研发的中国标准智能快速钢轨打磨集成试验车顺利下线;自主创新基于高压水射流精准破拆的无砟轨道"微创"维修技术、北斗+5G 无人机综合巡检技术、智能化综合运维管理系统达到应用水平;自主研制的北斗+惯导轨检小车、激光沉降监测仪等技术创新成果取得突破性进展。由京沪高速铁路股份有限公司和中铁第六勘察设计院集团有限公司电化院等单位合作申报的"高速铁路用高强高导接触网导线关键技术及应用"研究成果,荣获国家科学技术进步奖二等奖。

(三)环境保护。2021 年,京沪高速铁路股份有限公司在做到管理节能和技术节能的同时,提升设备的技术节能水平,从根本上解决能耗逐年递增的态势,促进企业可持续发展。2021 年京沪高铁总计用电约 39.9 亿 kW·h,折合每百万人公里用电约 6.29 万 kW·h,同比降耗 13.8%。2021 年用水 483 万 t,折合每百万人公里用水 76.21 t,同比降耗 5.9%。

(四)社会责任。2021 年疫情期间,京沪高速铁路股份有限公司及时做好设备保障投入,先后共投入 928 万元补强补齐防疫设备,为生产需要和旅客安全提供最大保障支持。同时,加强现场客运组织,做好指示引导,优化旅客乘降流线,既满足防疫要求,又保障通行畅通性。2021 年,京沪高速铁路股份有限公司持续加大安全投入,坚持人防、物防、技防相结合,全年投入 12.53 亿元资金开展年度技改大修和专项整治,确保运输全过程安全,让旅客出行更安心。

附录 D　中国中铁股份有限公司

一、公司简介

中国中铁股份有限公司在中国铁路基建领域、城市轨道交通基建领域均为最大的建设集团，是全球最大的多功能综合型建设集团之一，业务范围涵盖了包括铁路、公路、市政、房建、城市轨道交通、水利水电、机场、港口、码头等几乎所有基本建设领域，经营区域分布于全球 90 多个国家和地区。2021 年，中国中铁股份有限公司在世界 500 强排名第 35 位，在《工程新闻纪录(ENR)》全球承包商 250 强排名第 2 位；在中央企业业绩考核中，连续 8 年被国资委评为 A 类企业。中国中铁股份有限公司拥有铁路工程施工总承包特级 18 项，占全国铁路工程施工总承包特级数量的 50%以上。图 D-1 为中国中铁参建的武汉杨泗港长江大桥。

图 D-1　中国中铁股份有限公司参建的武汉杨泗港长江大桥

二、经营态势

2021 年，面对疫情波折反复、经济下行压力加大、诸多风险挑战交织的复杂局面，中国中铁股份有限公司认真贯彻落实党中央、国务院决策部署和国资委工作要求，开拓创新，锐意进取，圆满完成各项年度目标。

(一)财务状况。2021 年，中国中铁股份有限公司实现了公司经营规模、效益、质量连年迈上新台阶，全年实现营业总收入 1.07 万亿元，同比增长 10.11%；净利润 304.7 亿元，同比增长 11.82%。公司实现新签合同额 2.73 万亿元，同比增长 4.7%(其中，境内业务实现新签合同额 2.58 万亿元，同比增长 4.4%；境外业务实现新签合同额 1 517.1 亿元，同比增长 11.3%)。

截至 2021 年底，公司未完合同总额 4.55 万亿元，同比增长 22%。

在铁路业务方面，中国中铁股份有限公司在国内大中型铁路建设市场占有率达 46.6%，继续保持国内第一。随着国家大中型铁路重大项目招标完成，铁路业务新签合同额保持高速增长，全年完成新签 4 335.7 亿元，同比增长 22.0%；期末未完合同额 7 246.1 亿元，同比增长 13.8%。主要经营指标见表 D-1、表 D-2，如图 D-2～图 D-4 所示。

表 D-1　中国中铁股份有限公司主要财务指标

指　　标	年　　份				
	2017 年	2018 年	2019 年	2020 年	2021 年
营业收入（亿元）	6 933.67	7 404.36	8 508.84	9 747.49	10 732.72
总资产（亿元）	8 440.84	9 426.76	10 561.86	12 001.22	13 617.26
总负债（亿元）	6 743.64	7 205.32	8 107.11	8 869.28	10 033.84
营业利润（亿元）	192.50	226.96	318.82	335.78	387.82
净利润（亿元）	142.04	174.36	253.78	272.49	304.70
资产负债率（%）	79.89	76.43	76.76	73.90	73.68

表 D-2　中国中铁股份有限公司新签合同额统计表

指　　标	年　　份				
	2017 年	2018 年	2019 年	2020 年	2021 年
新签合同额合计（亿元）	15 568.6	16 921.6	21 648.7	26 056.6	27 293.2
基础设施建设业务（亿元）	13 552.8	14 346.3	17 946.3	21 829.2	24 166.8
其中：铁路（亿元）	2 425.0	2 540.8	3 112.4	3 553.8	4 335.7

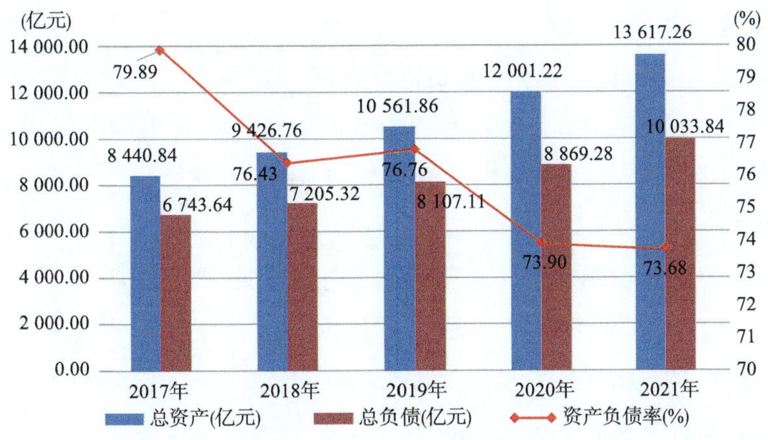

图 D-2　中国中铁股份有限公司 2017 年—2021 年总资产、总负债及负债率

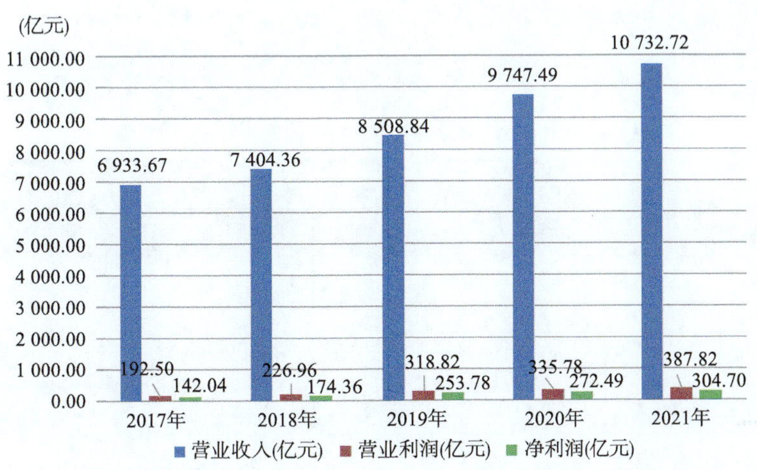

图 D-3　中国中铁股份有限公司 2017 年—2021 年营业收入、营业利润及净利润

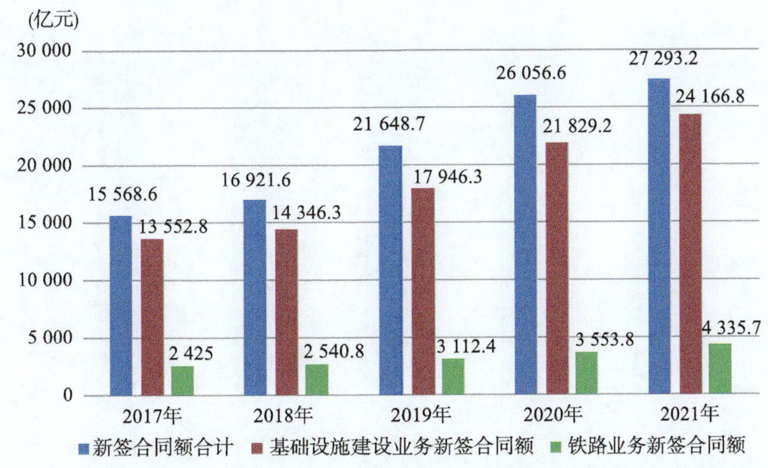

图 D-4　中国中铁股份有限公司 2017 年—2021 年新签合同额

(二)科技创新。2021年,中国中铁股份有限公司连续2年摘得中国专利金奖,盾构机、电气化铁路接触网产品等5项产品荣获工信部"制造业单项冠军";完成时速600 km以上高温超导磁悬浮工程化系统实验测试,"赤沙号"建筑构件装配机器人填补我国装配式建筑施工装备领域空白。全年获国家科技进步和发明奖7项、中国专利奖9项、詹天佑奖12项,新增中国工程院院士1人、全国勘察设计大师2人。公司拥有"高速铁路建造技术国家工程研究中心""盾构及掘进技术国家重点实验室"和"桥梁结构健康与安全国家重点实验室"三个国家实验室及"数字轨道交通技术研究与应用国家地方联合工程研究中心",拥有10个博士后工作站、44个省部级研发中心(实验室)、19个国家认定的技术中心和120个省部认定的企业技术中心,先后组建了20个专业研发中心,并参股建设川藏铁路国家技术创新中心。科研情况见表D-3,如图D-5、图D-6所示。

表D-3　中国中铁股份有限公司研发投入情况表

指　　标	年　　份				
	2017年	2018年	2019年	2020年	2021年
研发投入(亿元)	120.2	134.66	165.21	218.74	247.98
研发投入总额占营业收入比例(%)	1.74	1.83	1.95	2.25	2.32
公司研发人员的数量(人)	24 416	26 125	26 893	27 017	27 168
研发人员数量占公司总人数比例(%)	8.6	9.26	9.42	9.35	9.4

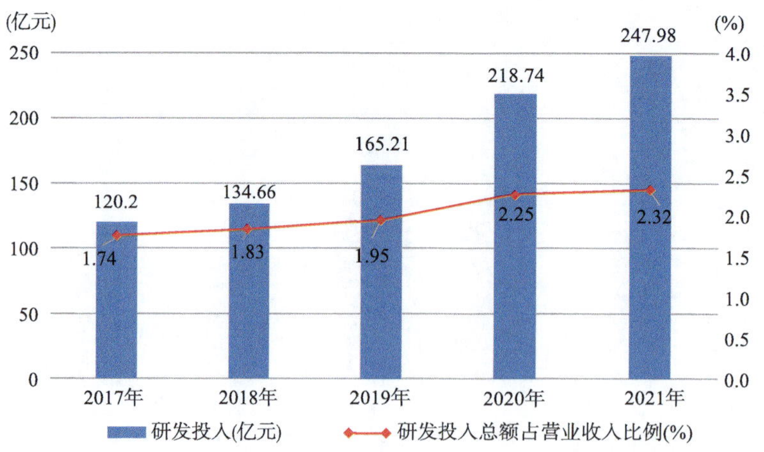

图D-5　中国中铁股份有限公司2017年—2021年研发投入占比

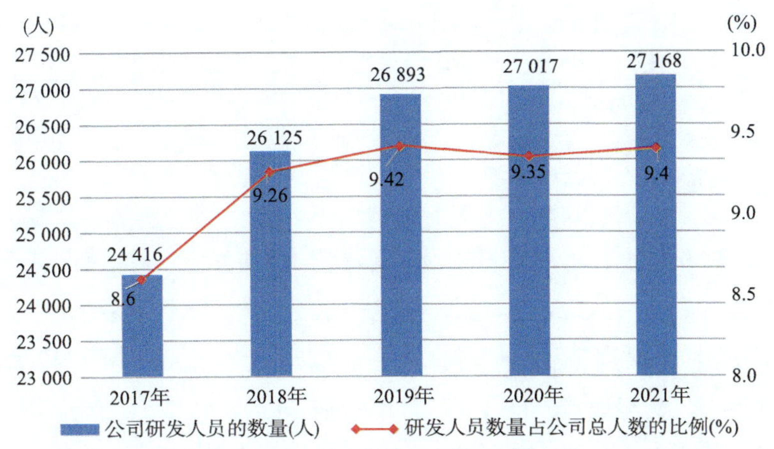

图 D-6　中国中铁股份有限公司 2017 年—2021 年研发人员数量及占比

（三）环境保护。2021 年，中国中铁股份有限公司深入贯彻绿色发展理念，持续推行绿色规划设计，引入全生命周期绿色设计模式，从源头上控制能耗，把绿色、低碳、生态设计理念融入工程规划设计的全过程。通过绿色建筑设计、推行装配式建筑等措施，实现房地产绿色开发，通过与相关企业合作，实现清洁能源技术和资源使用平台的优势互补。全公司 2021 年度万元营业收入综合能耗（可比价）0.044 1 吨标煤/万元，比去年同期下降 4.3%，万元二氧化碳排放 0.156 3 吨/万元，比去年同期下降 13.6%，圆满完成年度节能环保既定工作目标。

（四）社会责任。2021 年，中国中铁股份有限公司坚持教育帮扶“拔穷根”，打造乡村振兴硬核支撑；就业帮扶“增收入”，打造乡村振兴特色品牌；产业帮扶“活源头”，打造乡村振兴多重引擎；消费帮扶“促致富”，打造乡村振兴长效机制。全年新选派挂职干部 6 名，直接投入帮扶资金 6 490 万元，引进帮扶资金 327.2 万元，培训基层干部 184 人次，培训乡村振兴带头人 42 人次，培训专业技术人员 719 人次，购买农产品 911.41 万元，帮助销售农产品 60.4 万元，超额完成年度工作计划各项任务。

附录 E　中国铁建股份有限公司

一、公司简介

中国铁建股份有限公司由中国铁道建筑集团有限公司独家发起设立，于2007年11月5日在北京成立，为国务院国有资产监督管理委员会管理的特大型建筑企业。中国铁建股份有限公司是全球最具实力、规模的特大型综合建设集团之一。连续入选美国《工程新闻纪录（ENR）》“全球250家最大承包商”，2021年排名第3位；连续入选《财富》杂志“世界500强”，2021年排名第42位；“中国企业500强”排名第12位，连续保持国资委中央企业A级评级。中国铁建股份有限公司业务涵盖工程承包、勘察设计咨询、工业制造、房地产开发、物资物流、投资、金融及其他新兴产业，经营范围遍及全国32个省、自治区、直辖市和香港、澳门特别行政区，以及世界138个国家。图E-1为中国铁建参建的福平铁路。

图 E-1　中国铁建股份有限公司参建的福平铁路

二、经营态势

2021年，中国铁建股份有限公司主动服务国家重大战略，坚持“实事求是、守正创新、行稳致远”工作方针，落实“守正、革新、提质、做实”工作要求，规模效益和经济质量同步提升。面对复杂严峻的内外形势和艰巨繁重的改革发展任务，中国铁建股份有限公司聚焦高质量发展主题，谋划高质量发展举措，落实高质量发展要求，圆满完成了各项目标任务，实现了“十四五”良好开局。

（一）财务状况。2021 年，中国铁建股份有限公司各项主要经营指标再创历史新高，企业规模效益和质量稳步向前、持续提升。其中，实现营业收入 1.02 万亿元，同比增长 12.05%；实现净利润 293.15 亿元，同比增长 14.03%；新签合同额 2.82 万亿元，完成年度计划的 103.1%，同比增长 10.39%（境内业务新签合同额 2.56 万亿元，占新签合同总额的 90.87%，同比增长 10.38%；境外业务新签合同额 2 573 亿元，占新签合同总额的 9.13%，同比增长 10.52%）。铁路业务方面，铁路业务新签合同额保持稳定增长，全年完成新签合同额 3 764.71 亿元，同比增长 30.17%，增幅较大的主要原因是受益于国家重点建设项目启动，本集团充分发挥行业竞争优势，确保了获取订单最大化。主要经营指标见表 E-1，如图 E-2、图 E-3 所示。

表 E-1　中国铁建股份有限公司主要财务指标

指　　标	年　　份				
	2017 年	2018 年	2019 年	2020 年	2021 年
营业收入（亿元）	6 809.81	7 301.23	8 304.52	9 103.25	10 200.10
总资产（亿元）	8 218.87	9 176.71	10 812.39	12 427.93	13 529.70
总负债（亿元）	6 432.39	7 103.36	8 192.18	9 291.53	10 064.77
营业利润（亿元）	209.10	253.22	276.29	310.21	348.14
净利润（亿元）	169.19	198.38	226.24	257.09	293.15
资产负债率（%）	78.26	77.41	75.77	74.76	74.39

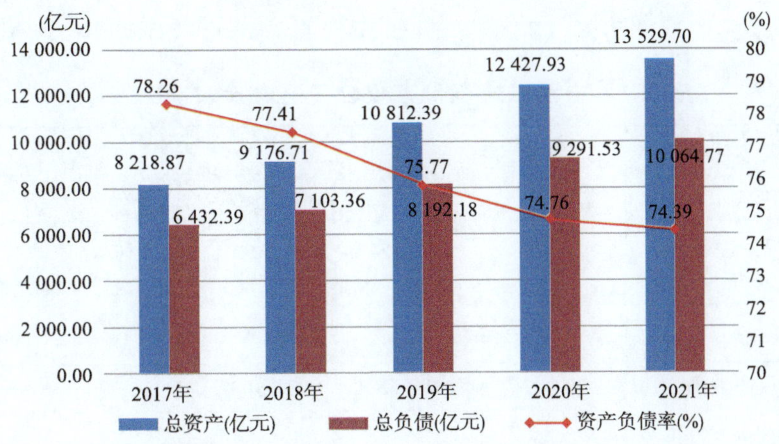

图 E-2　中国铁建股份有限公司 2017 年—2021 年总资产、总负债及负债率

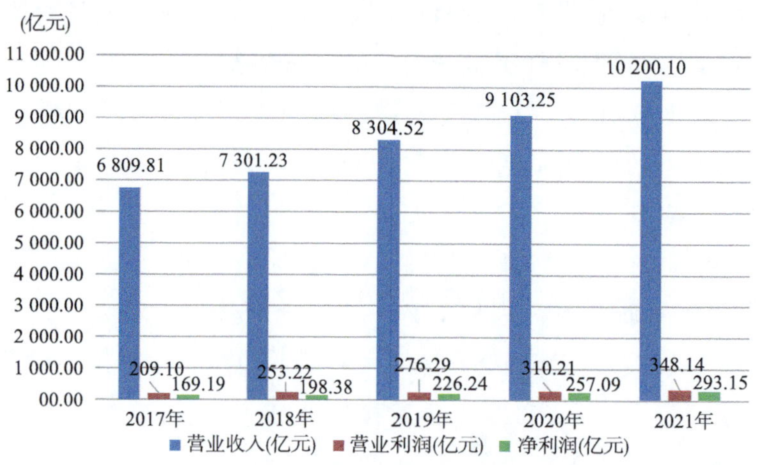

图 E-3　中国铁建股份有限公司 2017 年—2021 年营业收入、营业利润及净利润

（二）科技创新。2021 年，中国铁建股份有限公司坚持科技赋能，加快破解“卡脖子”难题，关键核心技术攻关有序推进，5 项科技重大专项成果实现示范应用目标，圆满完成国家重点研发计划“城市地下空间安全施工关键技术研究”，成功申报“陆路交通基础设施智能化设计共性关键技术”等 3 个国家重点研发项目，中标“超级高铁”试验线建设任务；首批认定的 7 家中国铁建股份有限公司工程实验室（研发中心）运行状况良好；自主研发设计制造的世界首台千吨架桥一体机——“昆仑号”入选“2021 年度央企十大国之重器”。2021 年，中国铁建股份有限公司获得国家科学技术进步奖 6 项，获得中国专利奖金奖 1 项、银奖 1 项、优秀奖 6 项；获得中国土木工程詹天佑奖 11 项；获得中央企业熠星创新创意大赛二等奖 1 项。2021 年，中国铁建股份有限公司新增授权专利 6 638 件，其中发明专利 723 件。科研情况见表 E-2，如图 E-4、图 E-5 所示。

表 E-2　中国铁建股份有限公司研发投入情况表

指　　标	年　　份				
	2017 年	2018 年	2019 年	2020 年	2021 年
研发投入（亿元）	104	115.7	165.3	186.1	202.5
研发投入总额占营业收入比例（%）	1.53	1.58	1.99	2.04	1.99
公司研发人员的数量（人）	38 049	39 658	31 306	30 076	28 665
研发人员数量占公司总人数比例（%）	14.56	13.40	10.65	10.51	10.71

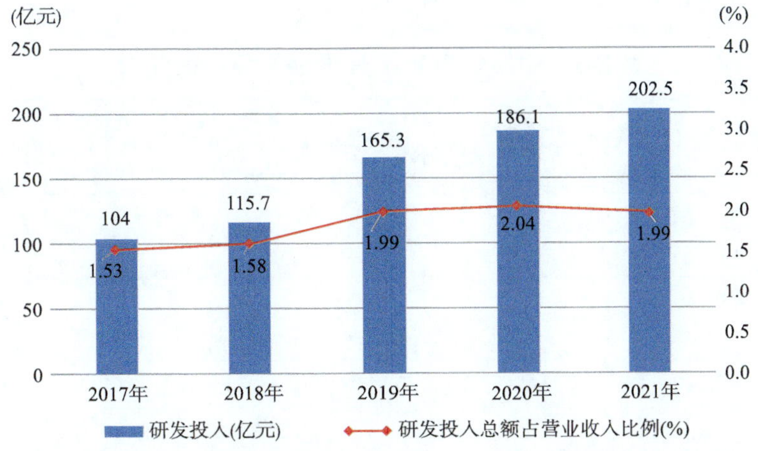

图 E-4　中国铁建股份有限公司 2017 年—2021 年研发投入占比

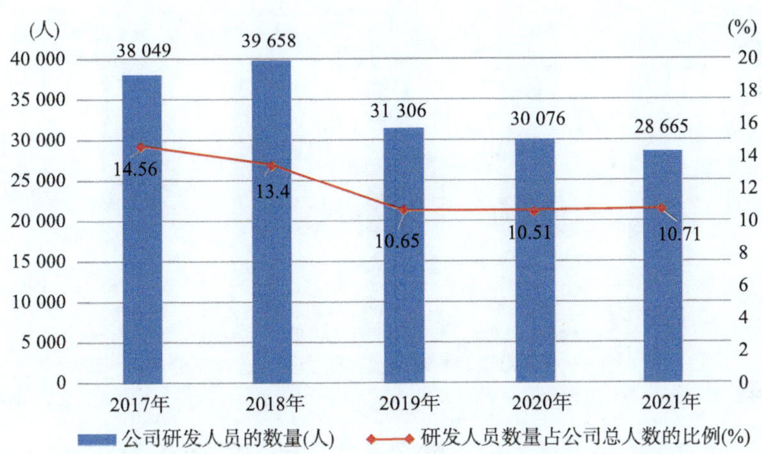

图 E-5　中国铁建股份有限公司 2017 年—2021 年研发人员数量及占比

（三）环境保护。2021 年，中国铁建股份有限公司注重源头控制，始终践行“合理用能，绿色施工”的环保管理理念，主动使用清洁能源，推行清洁生产策略；加快淘汰落后产能及工艺，购置节能型、先进型设备；不断优化施工方案，开展技术创新、推广“四新”成果节能减排，降低能耗；强化物资设备管理，提高周转性材料使用效率，搞好资源回收利用，减低设备空置率，减少能源消耗。

能源消耗总量为 589.24 万吨标煤，企业万元营业收入综合能耗（可比价）0.063 1 吨标煤，与 2020 年相比下降 19.21％；二氧化碳排放量为 932.76 万 t，二氧化碳密度为 10.01 吨/百万元营业收入；固体废弃物排放量为 4 187.42 万 t，固体废弃物密度为 44.85 吨/百万元营业收入；消耗水资源总量为 29 765.37 万 m^3，耗水密度为 318.8 吨/百万元营业收入。环保情况见表 E-3，如图 E-6、图 E-7 所示。

表 E-3　中国铁建股份有限公司环境绩效表

指　　标	年　　份				
	2017 年	2018 年	2019 年	2020 年	2021 年
全年能源消耗总量（万吨标煤）	569	516.32	532.28	594.13	589.24
万元营业收入综合能耗（吨标煤）	0.089 1	0.086 4	0.080 7	0.078 1	0.063 1
碳强度（t/万元）	0.041 7	0.037 9	0.052 6	0.098 2	0.010 01
环保总投入（亿元）	7.93	8.36	11.33	15.32	21.74

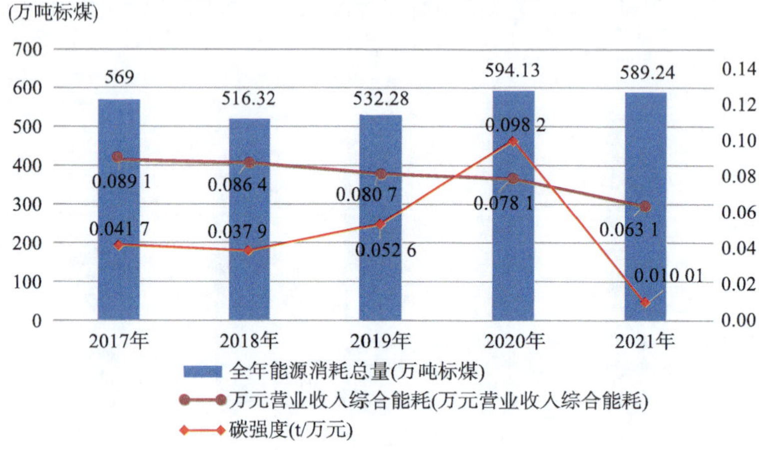

图 E-6　中国铁建股份有限公司 2017 年—2021 年环境绩效

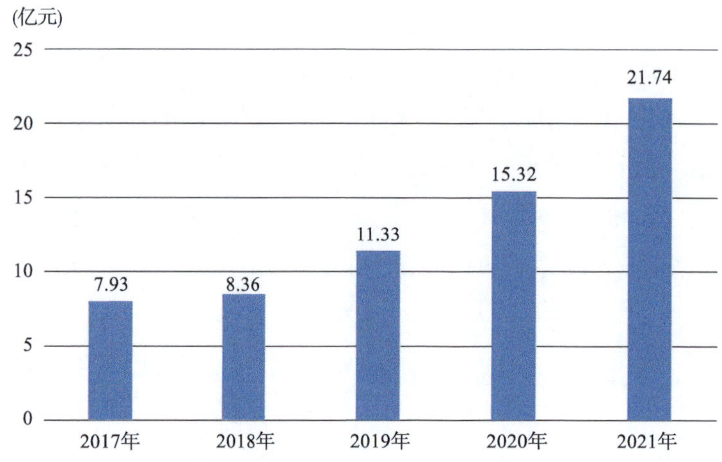

图 E-7　中国铁建股份有限公司 2017 年—2021 年环保投入金额

(四)社会责任。2021年,中国铁建股份有限公司始终保持帮扶力度不减,全面巩固来之不易的脱贫成果,全年投入帮扶资金4 590.24万元,引进帮扶资金1 391.5万元。购买脱贫地区农产品2 368.02万元,帮助销售脱贫地区农产品770.65万元,助力巩固"两不愁三保障"成果投入资金239.65万元,打造乡村振兴示范点6个,有效衔接乡村振兴工作。一是助力产业振兴。为帮扶地区引进帮扶项目17个,招商引资250万元,建立帮扶车间13个,转移就业678人,招用脱贫人口391人。二是助力人才振兴。培训县乡村基层干部616人、乡村振兴带头人66人、专业技术及其他人才962人。三是助力文化振兴。在河北省尚义县捐资388万元建成县级图书馆、美术馆和多功能演播厅。四是助力生态振兴。帮助改善农村人居环境投入资金495万元,改善农村生活设施投入290万元,实施农村厕改1 522户,帮助实施生活垃圾和污水治理项目涉及107个村。五是助力组织振兴。参与结对共建党支部27个,共建脱贫村17个,扶持龙头企业17个,帮助培育新型农业经营主体6个。

附录 F　中国交通建设股份有限公司

一、公司简介

中国交通建设股份有限公司是中国领先的交通基建企业，是中国最大的国际工程承包公司、中国最大的高速公路投资商，拥有世界上最大的工程船船队，创造了诸多国内乃至亚洲和世界水工、桥梁建设史上的“第一”“之最”，核心业务领域为基建建设、基建设计和疏浚。中国交通建设股份有限公司在国务院国资委对中央企业经营业绩考核中连续 16 年为 A 级；连续 15 年荣膺 ENR 全球最大国际承包商中资企业首位；位居世界 500 强排名第 61 位。图 F-1 为中国交建参建的深圳港盐田港区西作业区集装箱码头工程。

图 F-1　中国交通建设股份有限公司参建的深圳港盐田港区西作业区集装箱码头工程

二、经营态势

2021 年，面对复杂严峻的国内外形势和诸多风险挑战，中国交通建设股份有限公司深入实施“三重两大两优”经营策略，发展态势稳中向好。密集对接重点项目、重要区域、重大市场，公路项目规模重返国内排名第一，城市建设产业链和价值链不断完善，产城融合能力不断提升，“大交通”建设国家队、“大城市”发展主力军的地位进一步增强，江河湖海业务领军地位持续巩固。

(一)财务状况。2021 年，中国交通建设股份有限公司实现营业收入 6 856.39 亿元，同比增长 9.25%。新签合同额为 12 679.12 亿元，同比增长 18.85%(其中，各业务来自境外地区的新签合同额为 2 159.78 亿元，同比增长 5.36%，约占公司新签合同额的 17%)。铁路业务方面，中国交通建设股份有限公司作为中国最大的铁路建设企业之一，铁路建设的新签合同额为 250.06 亿元，同比增长 61.8%，占基建建设业务新签合同额的 2%。境外市场方面，公司成功进入非洲、东南亚等铁路建设市场，建成运营及在建多个重大铁路项目，市场影响力举足轻重。主要经营指标见表 F-1，如图 F-2、图 F-3 所示。

表 F-1　中国交通建设股份有限公司主要财务指标

指　标	年　份				
	2017 年	**2018 年**	**2019 年**	**2020 年**	**2021 年**
营业收入(亿元)	4 828.04	4 908.72	5 547.92	6 275.86	6 856.39
总资产(亿元)	8 502.35	9 604.76	11 203.99	13 041.69	13 908.37
总负债(亿元)	6 442.94	7 207.94	8 240.20	9 463.65	9 994.83
营业利润(亿元)	266.37	251.77	265.93	253.83	284.89
净利润(亿元)	213.19	202.94	216.20	193.49	234.96
资产负债率(%)	75.78	75.05	73.62	72.56	71.86

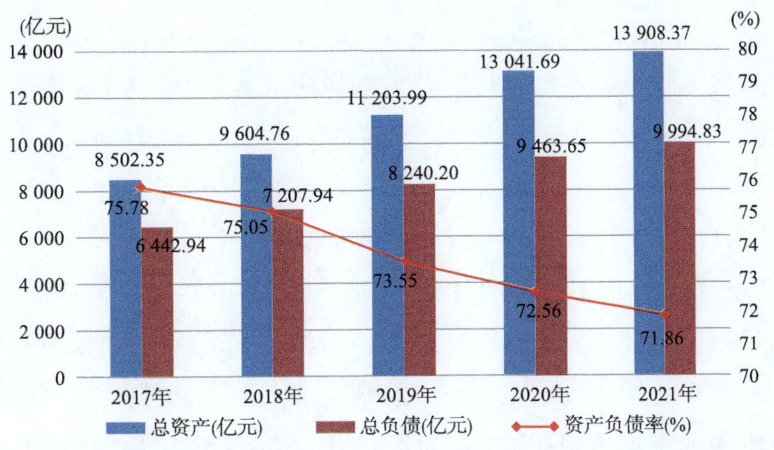

图 F-2　中国交通建设股份有限公司 2017 年—2021 年总资产、总负债及负债率

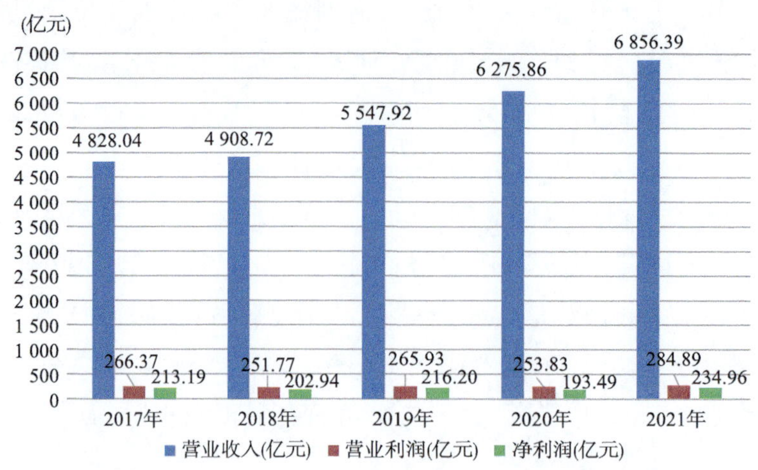

图 F-3　中国交通建设股份有限公司 2017 年—2021 年营业收入、营业利润及净利润

（二）科技创新。2021 年，中国交通建设股份有限公司研发投入为 228.21 亿元，占营业收入的比例为 3.33%，较去年增加 0.12 个百分点，研发人员的数量为 6 825 人，占公司总人数的 4.99%。2021 年，中国交通建设股份有限公司成功申报长大桥隧、多年冻土道路、远海岛礁等 6 项原创技术策源地，两个国家工程研究中心纳入国家科技创新基地新管理序列；自主开发的桥隧 OSIS 计算分析软件取得重大突破，解决了核心工程设计软件“卡脖子”问题；自主研发的自动化码头 TOS 系统上线，实现码头全生命周期自主规划、自动运转和智能管理的一站式服务；3 项公路工程行业 BIM 标准正式颁布施行，填补了行业空白；自主研发设计制造的国产最大直径 16.07 m 泥水平衡盾构机“运河号”顺利下线，引领中国盾构设备制造不断迈向新高端。2021 年，中国交通建设股份有限公司获得国家科技进步二等奖 1 项，国家技术发明二等奖 1 项，鲁班奖 8 项，国家优质工程奖 38 项（含金奖 9 项），詹天佑奖 12 项，中国专利优秀奖 5 项，省部级科技类奖项 290 项；主参编颁布的国家标准 12 项、行业标准 42 项、地方标准 32 项，编译行业标准 2 项，颁布企业标准 5 项；获得授权专利 6 838 项、软件著作权 497 项、省部级工法 136 项。

（三）环境保护。2021 年，中国交通建设股份有限公司开展固定资产投资、施工项目污染防控、工业企业污染防控、运营业务环境风险防控等专项整治活动，从多方面入手，全面提升环保治理能力，压紧压实生态环境保护主体责任，严格落实生态环境保护“党政同责、一岗双责”，守住环保合规底线，进一步夯实生态环境保护管理基础。公司深挖节能减排工作亮点，提炼和总结节能减排经验成果，促进节能减排技术的创新与转化，积极树立典型示范，打造绿色品牌。2021 年获得中国节能协会“节能减排科技进步奖”二等奖 2 项，三等奖 3 项。承建的援埃塞俄比亚河岸绿色发展项目荣获美国《工程新闻纪录》(ENR)全球环境类最佳项目奖。公司万元营业收入综合能耗 0.021 9 吨标煤，同比减少 8.37%；二氧化碳排放量 412.7 万 t，同比增加 5.55%。环保情况见表 F-2，如图 F-4 所示。

表 F-2　中国交通建设股份有限公司环境绩效表

指　　标	年　　份				
	2017 年	**2018 年**	**2019 年**	**2020 年**	**2021 年**
全年能源消耗总量（万吨标煤）	221.79	174.75	167.83	146.42	149.82
万元产值综合能耗（吨标煤/万元）	0.045	0.036 1	0.027 7	0.023 9	0.021 9
二氧化碳排放量(万 t)	474.4	460.5	465.6	391.0	412.7

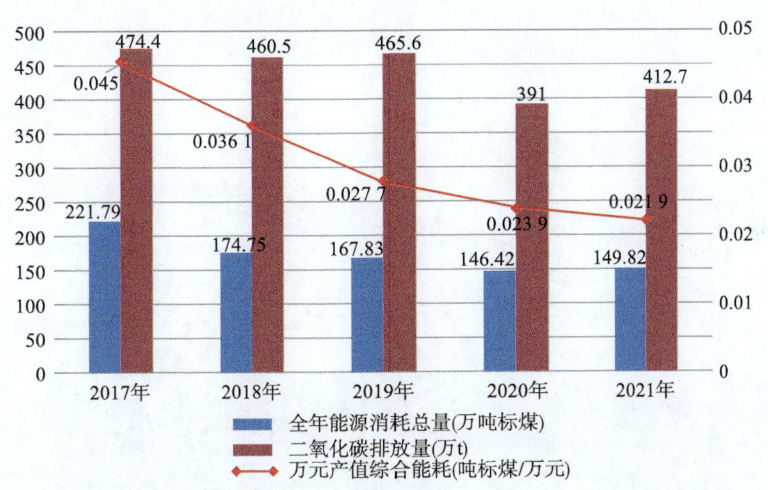

图 F-4　中国交通建设股份有限公司 2017 年—2021 年环境绩效

(四)社会责任。2021 年，中国交通建设股份有限公司开展系列帮扶行动，助力乡村振兴走深走实。全年向定点帮扶地区投入帮扶资金 4.1 亿元，实施帮扶项目 142 个，派出挂职干部 10 名，培训基层干部 1 035 名，培训乡村振兴和劳务输出带头人 56 名，培训技术人员 1 176 名。全年购买和帮助销售农产品 1 150 万元，订购 6.44 万套工服，金额近 1 000 万元，订购量同比增长 23%。

附录G　中国中车股份有限公司

一、公司简介

中国中车股份有限公司是全球规模领先、品种齐全、技术一流的轨道交通装备供货商，连续多年轨道交通装备业务销售规模位居全球首位。公司主要经营铁路机车车辆、动车组、城市轨道交通车辆、工程机械、各类机电设备、电子设备及零部件、电子电器及环保设备产品的研发、设计、制造、修理、销售、租赁与技术服务；信息咨询；实业投资与管理；资产管理；进出口业务。2021年，继续跻身《财富》世界500强和中国100强，在《财富》发布的“最受赞赏的中国公司”榜单中连续位列前茅，品牌价值位列国内机械制造类行业第一名。中国中车股份有限公司在全球27个国家和地区设立78家境外机构，在美国、澳大利亚、俄罗斯等国家和地区设立了18个海外研发中心，为全球六大洲109个国家和地区提供产品和服务。图G-1为中国中车研制生产的“复兴号”高原内电双源动车组行驶在拉林铁路上。

图G-1　中国中车股份有限公司研制生产的“复兴号”高原内电双源动车组行驶在拉林铁路上

二、经营态势

2021年，中国中车股份有限公司战疫情克难关，保持经营业绩基本稳定，高质量发展基础更加稳固，在服务国家“六稳”“六保”任务中展现担当，沉着应对复杂的经营形势，完成了各项任务。

（一）财务状况。2021 年，实现营业收入 2 257.32 亿元，降幅为 0.85%；净利润 124.18 亿元，降幅为 10.16%。截至 2021 年底，公司资产总额为 4 268.26 亿元，增幅为 8.78%；公司新签订单约 2 210 亿元，其中，国际业务新签订单约 350 亿元；在手订单约 2 203 亿元，其中，国际业务在手订单约 860 亿元。2021 年铁路业务方面，中国中车股份有限公司铁路装备业务营业收入 906.85 亿元，比上年同期增加 0.22%。其中，机车业务收入 229.05 亿元，客车业务收入 106.99 亿元，动车组业务收入 410.99 亿元，货车业务收入 159.82 亿元。城市轨道车辆收入 479.00 亿元，风电业务收入 302.42 亿元，铁路装备修理改装业务 340 亿元。2021 年，公司销售机车 744 台，客车 1 019 辆，动车组 1 292 辆，货车 33 739 辆，城轨地铁 8 045 辆。主要经营指标见表 G-1，如图 G-2、图 G-3 所示。

表 G-1　中国中车股份有限公司主要财务指标

指　标	年　份				
	2017 年	2018 年	2019 年	2020 年	2021 年
营业收入（亿元）	2 110.13	2 190.83	2 290.11	2 276.56	2 257.32
总资产（亿元）	3 752.06	3 575.23	3 835.72	3 923.80	4 268.26
总负债（亿元）	2 332.87	2 078.38	2 247.44	2 232.39	2 445.34
营业利润（亿元）	147.29	147.35	158.23	153.18	128.31
净利润（亿元）	129.97	129.99	138.23	138.23	124.18
资产负债率（%）	62.18	58.13	58.59	56.89	57.29

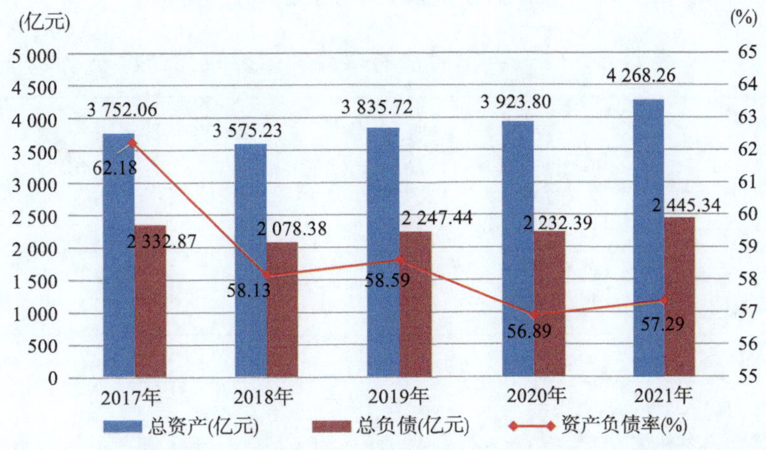

图 G-2　中国中车股份有限公司 2017 年—2021 年总资产、总负债及负债率

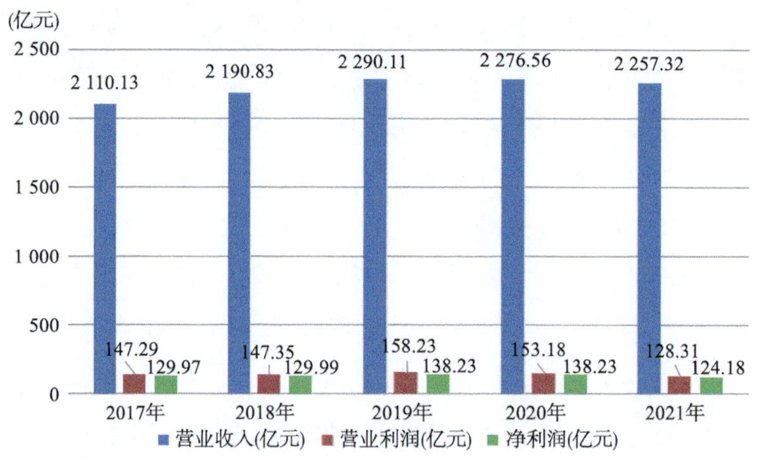

图 G-3　中国中车股份有限公司 2017 年—2021 年营业收入、营业利润及净利润

（二）科技创新。2021 年，中国中车股份有限公司已构建具备完全自主知识产权的动车组产品谱系，时速 160 km 至 350 km“复兴号”系列动车组全面投用，高原双源“复兴号”动车组在拉林铁路上线运营，实现“复兴号”在全国 31 个省（自治区、直辖市）全覆盖；时速 600 km 高速磁浮、时速 400 km 可变轨距跨国互联互通高速动车组、时速 350 km 货运动车组、首列中国标准地铁列车先后下线。2021 年，中国中车股份有限公司积极参与国际国内标准制修订，主持国际标准 8 项、国家标准 1 项，主持修订铁道行业标准 4 项。大力开展专利申报工作，全年申请专利 6 103 项，在第二十二届中国专利奖评选中获得 2 项金奖、2 项银奖、13 项优秀奖，创历史最好成绩。坚持把发展数字经济作为高质量发展的关键增量，建成 2 家数字企业、2 个数字化车间、11 条智能化生产线。科研情况见表 G-2，如图 G-4、图 G-5 所示。

表 G-2　中国中车股份有限公司研发投入情况表

指　　标	年　　份				
	2017 年	2018 年	2019 年	2020 年	2021 年
研发投入（亿元）	104.92	111.79	122.65	133.50	132.05
研发投入总额占营业收入比例（%）	5.00	5.10	5.36	5.96	5.85
公司研发人员数量（人）	32 797	32 914	34 842	35 273	35 083
研发人员数量占公司总人数比例（%）	19.00	19.52	21.03	21.48	21.84

图 G-4　中国中车股份有限公司 2017 年—2021 年研发投入占比

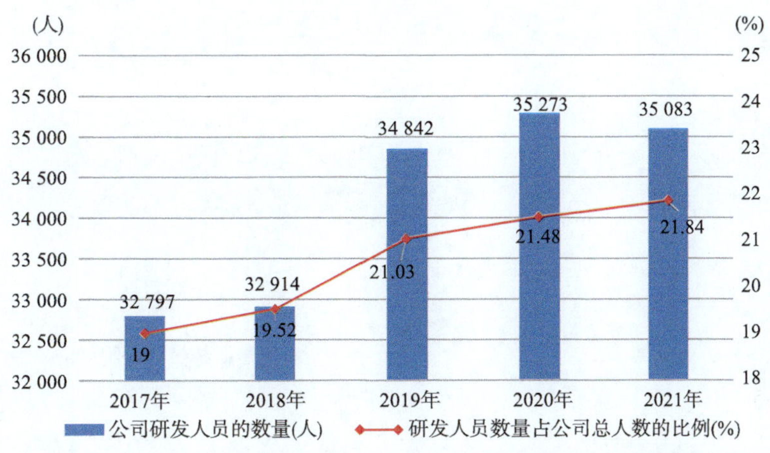

图 G-5　中国中车股份有限公司 2017 年—2021 年研发人员数量及占比

(三)环境保护。2021 年,中国中车股份有限公司不断巩固污染防治攻坚取得的丰硕成果,实施环保技改项目,促进污染防治能力不断提升,污染处理设施有效运行。所辖子公司均建成污水处理设施,达到国家或地方规定的排放标准。按照既有计划,逐步取消燃煤锅炉,采用外购蒸汽或社会供暖;相应企业实施了煤改气或煤改电,大气污染物排放满足国家或地方规定的排放要求。从源头削减出发,积极推广水性涂料应用,铁路货车、铁路机车、铁路客车、城轨地铁车辆全部或部分使用了水性涂料。危险废物严格按规定分类收集储存,规范管理,委托有资质的单位依法实施无害化安全处置。公司二氧化硫年排放量为 194.13 t,危险废物年处理量为 21 524.69 t。

(四)社会责任。2021 年,中国中车股份有限公司积极履行社会责任,投身乡村振兴、疫情防控、抗洪救灾等工作。其中，积极推进全面脱贫与乡村振兴有效衔接，直接投入帮扶资金 1 525.07 万元，引进帮扶资金 67.32 万元，培训基层干部 62 人，培训乡村振兴带头人 21 人，培训农村技术人员 308 人，采购工服 2.22 万套，金额 306 万元，直接购买帮扶县农产品 3 521.7 万元，帮助销售脱贫地区农产品 1 337.35 万元，助力帮扶地区巩固脱贫攻坚成果、增强发展后劲、全面推进乡村振兴。

附录H　中国铁路通信信号股份有限公司

一、公司简介

中国铁路通信信号股份有限公司是国务院国资委直接监管的大型中央企业，是以轨道交通控制技术为特色的高科技产业服务商，是中国轨道交通控制系统行业的领导者、全球领先的轨道交通控制系统提供商。中国铁路通信信号股份有限公司拥有集轨道交通控制系统设计研发、装备制造及工程安装于一体的完整产业链，是中国轨道交通控制系统设备制式、技术标准及产品标准的归口单位，是唯一获国家铁路局授权的铁路控制系统和通信信号产品的标准化技术审核单位。图 H-1 为中国通号参建的凤凰磁浮文旅观光快线。

图 H-1　中国铁路通信信号股份有限公司参建的凤凰磁浮文旅观光快线

二、经营态势

2021 年，在国家轨道交通建设政策调整、高铁新建里程增速下降、中国国家铁路集团有限公司招标模式变化、新冠疫情不断反复的大背景下，中国铁路通信信号股份有限公司主要经济指标增长有所放缓，但整体运行基本保持平稳。

（一）财务状况。2021 年，中国铁路通信信号股份有限公司实现营业收入

383.58 亿元，较上年下降 4.4%，但海外业务收入较上年增加 20.72%；实现净利润 36.93 亿元，较上年减少 12.88%。累计新签合同总额 722.81 亿元，较上年同期增长 1.16%，其中，铁路领域 237.34 亿元，同比下降 9.61%；城轨领域 133.26 亿元，同比增长 2.04%；海外领域 21.98 亿元，同比增长 47.55%；工程总承包及其他领域 330.23 亿元，同比增长 7.75%。截至 2021 年末，公司在手订单 1 463.01 亿元。营业收入及利润较上年有所下降，主要由于 2021 年国家铁路投资总额同比减少，项目开标滞后，新投产线路同比减少；同时公司合理控制工程总承包业务规模，工程总承包业务收入减少，综合导致本年营业收入较上年小幅下降。主要经营指标见表 H-1，如图 H-2、图 H-3 所示。

表 H-1　中国铁路通信信号股份有限公司主要财务指标

指　　标	年　　份				
	2017 年	2018 年	2019 年	2020 年	2021 年
营业收入(亿元)	345.86	400.13	416.46	401.24	383.58
总资产(亿元)	612.45	796.79	975.13	1 053.28	1 089.43
总负债(亿元)	360.20	494.06	547.88	610.31	635.71
营业利润(亿元)	41.86	45.33	49.79	50.15	42.44
净利润(亿元)	34.37	37.17	41.77	42.39	36.93
资产负债率(%)	58.81	62.01	56.19	57.94	58.35

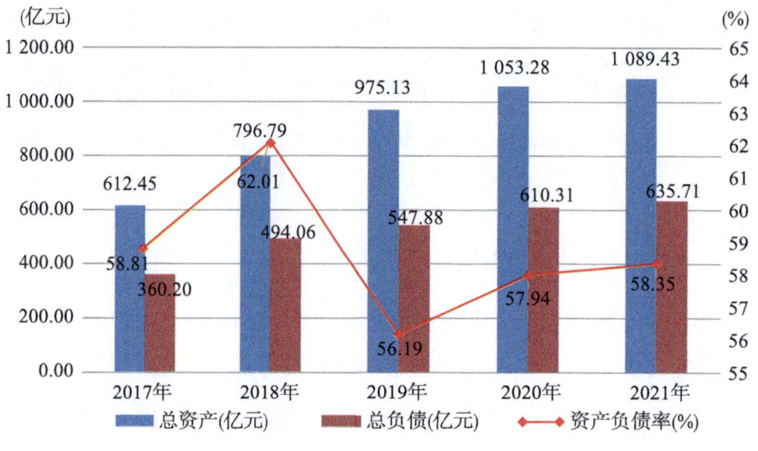

图 H-2　中国铁路通信信号股份有限公司 2017 年—2021 年总资产、总负债及负债率

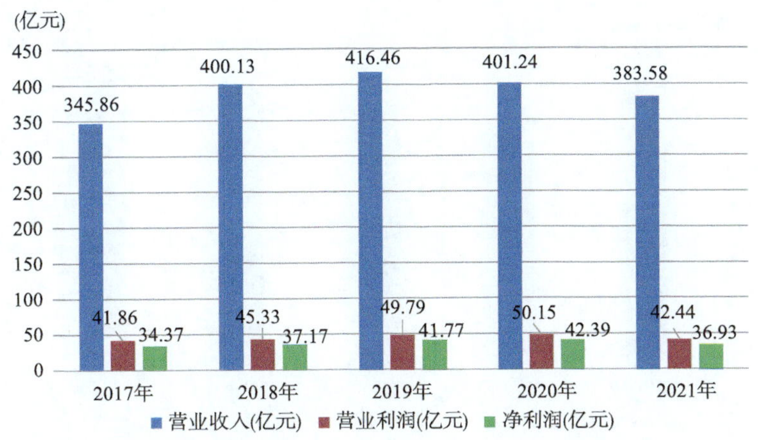

图 H-3　中国铁路通信信号股份有限公司 2017 年—2021 年营业收入、营业利润及净利润

（二）科技创新。2021 年，中国铁路通信信号股份有限公司自主化 C3 列控系统完成合安高铁匹配试验，启骥 TACS 系统率先实现国内商用，ETCS-2 级列控系统、地铁 FAO 全自动运行系统、城轨综合视频监控系统等一批重大成果完成首次转化和商业应用。新增申请专利 1 204 件（含新增布局申请海外专利 118 件），新增授权专利 694 件（累计有效授权专利总数 3 202 项）；全年共获省部级以上奖励 38 项，"一种轨道电路"获北京市第六届发明专利唯一特等奖，《面向网络化运营的互联互通 CBTC 关键技术及成套装备与示范应用》获得城市轨道交通科技进步奖特等奖，《基于列调融合的调度集中系统（CTC3.0）安全控制技术开发与应用》获中国交通运输协会一等奖等；承担了 11 项国家级、省部级政府机关及行业主管单位支持的研究项目，承担了 28 项国家级及行业级标准编制任务。科研情况见表 H-2，如图 H-4、图 H-5 所示。

表 H-2　中国铁路通信信号股份有限公司研发投入情况表

指　　标	年　　份				
	2017 年	2018 年	2019 年	2020 年	2021 年
研发投入（亿元）	11.79	13.80	16.03	17.34	19.02
研发投入总额占营业收入比例（%）	3.41	3.45	3.85	4.32	4.96
公司研发人员数量（人）	—	3 676	4 235	4 310	4 374
研发人员数量占公司总人数比例（%）	—	19.13	20.99	20.89	21.56

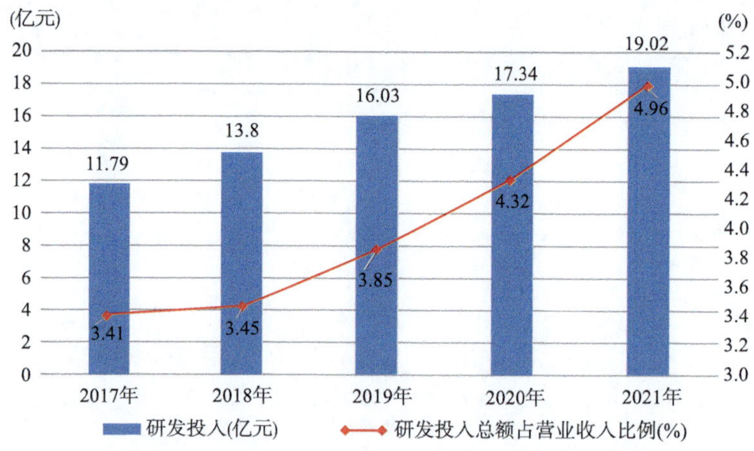

图 H-4　中国铁路通信信号股份有限公司 2017 年—2021 年研发投入占比

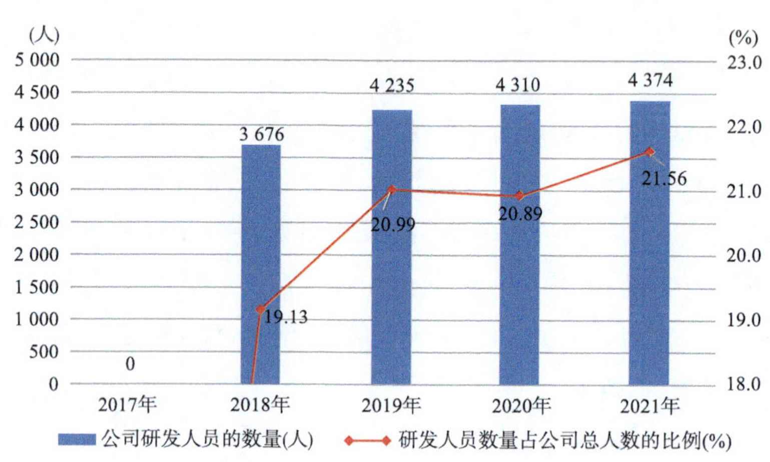

图 H-5　中国铁路通信信号股份有限公司 2017 年—2021 年研发人员数量及占比

（三）环境保护。2021 年，中国铁路通信信号股份有限公司加快高耗能、高污染工艺装备的淘汰，加快节能低碳新技术、新工艺、新产品的示范与应用推广，推行绿色制造，提高能源节约和资源循环利用水平。推进化石能源清洁高效利用，严格合理控制煤炭消费，推动煤电向支撑性和调节性电源转型，严格控制新增煤电项目，持续淘汰煤电落后产能，积极有序推进煤炭替代和煤炭清洁化改造。2021 年，中国铁路通信信号股份有限公司温室气体排放量为 97 067.01 t，温室气体排放强度为 0.025 3 t/人民币万元。环保情况见表 H-3，如图 H-6 所示。

表 H-3　中国铁路通信信号股份有限公司排放物及能耗情况

指　　标	年　　份				
	2017 年	2018 年	2019 年	2020 年	2021 年
用水强度(t/万元)	0.3	0.4	0.3	0.3	0.2
温室气体排放强度(t/万元)	0.05	0.03	0.03	0.03	0.03
综合能源消耗强度(t/万元)	0.01	0.01	0.01	0.01	0.01

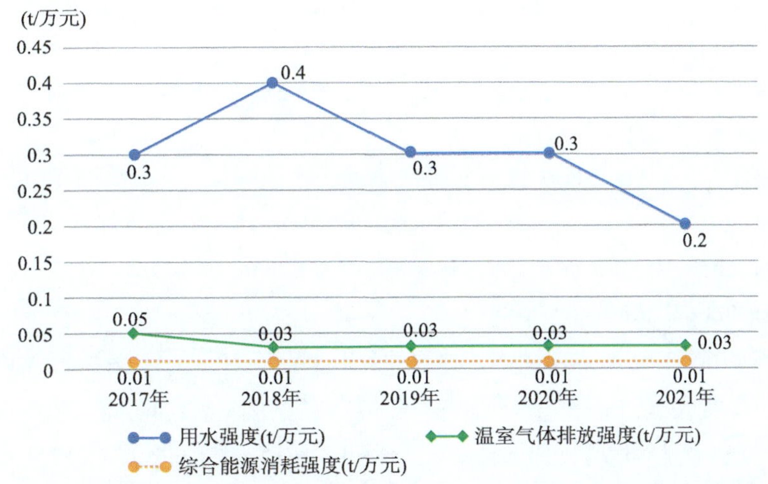

图 H-6　中国铁路通信信号股份有限公司 2017 年—2021 年排放物情况

(四)社会责任。2021 年,中国铁路通信信号股份有限公司在创造经济效益的同时,始终坚持回馈社会,主动参与公益慈善活动、志愿服务行动,以实际行动助力社会和谐发展。面对乡村振兴新情况、新需求,中国铁路通信信号股份有限公司在产业振兴、人才振兴、文化振兴、生态振兴、组织振兴等方面统筹推进,全年投入乡村振兴帮扶资金 543.52 万元,购买农产品 179.1 万元,帮助销售农产品 61 万元。分别举办了 1 期驻村第一书记乡村振兴专题培训班、2 期驻村干部素质能力提升培训班、1 期技术人员专题培训班、1 期乡村致富带头人培训班,培训乡村基层干部 358 名、培训乡村振兴致富带头人 95 名、农业技术人员 104 名,为全面推进乡村振兴、加快农业农村现代化提供有力人才支撑。

参考文献

[1] 国家铁路局《高铁经济学导论》编写组．高铁经济学导论［M］．北京：中国铁道出版社，2018.

[2] 中华人民共和国国民经济和社会发展第十四个五年规划和 2035 年远景目标纲要［M］．北京：人民出版社，2021.

[3] 国家统计局．中华人民共和国 2021 年国民经济和社会发展统计公报［EB/OL］．［2022-02-28］. http://www.stats.gov.cn/xxgk/sjfb/zxfb2020/202202/t20220228_1827971.html.

[4] 中共中央　国务院．国家综合立体交通网规划纲要［EB/OL］．［2022-02-14］. http://www.gov.cn/xinwen/2021-02/24/content_5588654.htm.

[5] 交通运输部．2021 年交通运输行业发展统计公报［EB/OL］．［2022-05-25］. https://xxgk.mot.gov.cn/2020/jigou/zhghs/202205/t20220524_3656659.html.

[6] 国家铁路局．2021 年铁道统计公报［EB/OL］．［2022-04-19］. http://www.nra.gov.cn/xwzx/zlzx/hytj/202204/t20220405_338098.shtml.

[7] 中国国家铁路集团有限公司发改部．中国国家铁路集团有限公司 2021 年统计公报［EB/OL］．［2022-03-01］. https://www.peoplerail.com/rmtd2016/content/2022-03/01/content_241452.htm.

[8] 中国地方铁路协会．2021 年中国地方铁路统计公报［EB/OL］．［2022-02-24］. http://www.china-dftlxh.cn/Tdetails.html? id=101&detailsId=1962.

[9] 中国民航局．2021 年民航行业发展统计公报［EB/OL］．［2022-05-18］. http://www.caac.gov.cn/XXGK/XXGK/TJSJ/202205/t20220518_213297.html.

[10] 中国邮政局．2021 年邮政行业运行情况［EB/OL］．［2022-01-14］. https://www.spb.gov.cn/gjyzj/c100015/c100016/202201/d278cb7483544a729e394c17e387a7e6.shtml.

[11] 谢伏瞻．2022 年中国经济形势分析与预测［M］．北京．社会科学文献出版社，2021.

[12] 张宇燕．2022 年世界经济形势分析与预测［M］．北京．社会科学文献出版社，2022.

[13] 刘志强．加快形成绿色低碳运输方式（经济聚焦·关注碳达峰碳中和）［N］．人民日报，2022-01-14（7）.

[14] 张胜，陈之殷．碳达峰、碳中和，一年来探索彰显成效：来自 2021 全球能源转型高层论坛的声音［N］．光明日报，2021-09-26（2）.

[15] 温源．为经济稳增长“压舱顶梁”［N］．光明日报，2022-03-24（9）.

[16] 中国物流与采购联合会科技信息部. 2021年物流运行情况分析及2022年展望[EB/OL]. [2022-02-09]. http://www.chinawuliu.com.cn/lhhzq/202202/09/570354.shtml.

[17] 刘长俭，徐杏，魏雪莲，等. 我国港口吞吐量增长动力分析及展望[EB/OL]. [2022-02-17]. https://www.zgjtb.com/2022-02/17/content_306072.html.

[18] 张辛，胡凯. 大力发展高铁快递正当其时[EB/OL]. [2022-03-09]. https://www.zgjtb.com/2022-03/09/content_308171.html.

[19] 吴文娟，谢文卿. 大力发展高铁快递正当其时[EB/OL]. [2022-06-08]. https://www.zgjtb.com/2022-06/08/content_317659.html.

[20] 周健. 深刻把握规律　化解不利影响：疫情反弹对交通运输影响的"变"与"不变"[EB/OL]. [2022-06-13]. https://www.zgjtb.com/2022-06/13/content_318104.html.

[21] 张翼，董蓓. 中国经济，稳扎稳打中突破创新：三大关键词看2022年中国经济走势[N]. 光明日报，2022-01-20（15）.

[22] 金敬东. 立足新起点　锚定新目标推进多式联运和运输结构调整向纵深发展[EB/OL]. [2022-01-19]. https://www.zgjtb.com/2022-01/19/content_304172.html.

[23] 郭杰，张海颖，王雪成，等. 把握机遇直面挑战协同发力：碳中和目标对交通运输行业的影响和对策[EB/OL]. [2021-07-16]. http://www.yudu.gov.cn/ydxxxgk/c100264d/202107/fbe2efcab90f449da8648a1e11530c5e.shtml.

[24] 突破4万公里！中国高速铁路运营里程及线路详细统计（截2021年12月31日）[EB/OL]. [2021-12-31]. https://www.cehome.com/news/20220101/274532.shtml.

[25] 全网刷屏的中老铁路，我们带来不一样的详尽深度解读[EB/OL]. [2021-12-04]. http://www.360doc.com/content/21/1204/16/5299136_1007132526.shtml.

[26] 大盘点：中国高速铁路网2021[EB/OL]. [2022-02-18]. https://mp.weixin.qq.com/s?_biz=MzIxOTAwODkzNw==&mid=2649096836&idx=1&sn=1784b7dd54e8d3fd54a081f2a343b06e&chksm.

[27] 全国铁路营运总里程逾十五万公里：夯基筑路护航发展[EB/OL]. [2022-01-10]. https://baijiahao.baidu.com/s?id=1721520389713910880&wfr=spider&for=pc.

[28] 2021年铁路新线[EB/OL]. [2022-01-01]. https://www.peoplerail.com/rail/show-2020-477094-1.html.

[29] 中国国家铁路集团有限公司."十四五"开局之年铁路交出亮眼成绩单[EB/OL]. [2022-01-09]. http://www.china-railway.com.cn/xwzx/ywsl/202201/t20220109_119362.html.

[30] 国铁集团召开铁路建设工作会议[EB/OL]. [2022-01-14]. https://www.peoplerail.com/rail/show-2020-478268-1.html.

[31] 匈塞铁路塞尔维亚诺苏段开工建设[EB/OL]. [2021-11-25]. https://www.peoplerail.com/rmtd2016/content/2021-11/25/content_236091.htm.

[32] 中老铁路交出"满月"亮眼成绩单[EB/OL]. [2022-01-04]. https://www.peoplerail.com/rmtd2016/content/2022-01/04/content_237846.htm.

[33] 雅万高铁铺设首块无砟轨道板[EB/OL]. [2022-01-05]. https://www.peoplerail.com/rmtd2016/

content/2022-01/05/content_237889. htm.

[34] 国家铁路局装备技术中心．铁道装备技术［R］. 2021，（1）~（4）. 北京：国家铁路局装备技术中心，2021.

[35] 国家铁路局工程质量监督中心．工程监管咨询［R］. 2021，（1）~（12）. 北京：国家铁路局工程质量监督中心，2021.

[36] 国家铁路局统计中心．铁道业统计公报 2021［R］. 北京：国家铁路局，2021.

[37] 国务院 . 2022 年政府工作报告［EB/OL］.［2022-03-12］. http://www. gov. cn/premier/2022-03/12/content_5678750. htm.

[38] 李小鹏 . 2022 年全国交通运输工作会议召开［EB/OL］.［2021-12-24］. https://www. mot. gov. cn/buzhangwangye/fengcaijijin/202112/t20211224_3632824. html.

[39] 交通运输部 . 2022 年交通运输工作总体要求［EB/OL］.［2021-12-24］. https://www. mot. gov. cn/jiaotongyaowen/202112/t20211224_3632763. html.

[40] 李小鹏．李小鹏在部加快建设交通强国领导小组第二次会议上强调：深入实施“两个纲要”突出服务融合　凝心聚力推动工作落实［EB/OL］.［2022-02-11］. https://www. mot. gov. cn/buzhangwangye/xjldwy/zhongyaohuodonghejia nghua/202202/t20220211_3640866. html.

[41] 交通运输部．论学习贯彻全国交通运输工作会议精神④ | 坚持稳字当头、稳中求进　确保实现“六个有效”［EB/OL］.［2021-12-29］. https://mp. weixin. qq. com/s? _biz= MzI3MDQwMDQ5NQ= = &mid= 2247558935&idx= 1&sn= 73710c2b5ab749a4d63427d51f0e70f0&scene= 0.

[42] 陆东福．中国国家铁路集团有限公司召开 2022 年工作会议［EB/OL］.［2022-01-06］. https://xw. qq. com/amphtml/20220106A091JG00.

[43] 国家发展改革委．中国经济深度看 2021 年中欧班列开行再创佳绩　成为畅通亚欧供应链的一条大通道［EB/OL］.［2022-02-19］. https://baijiahao. baidu. com/s? id= 1725179005247621711&wfr= spider&for= pc.

[44] 国家发展改革委．《国家发展改革委等部门关于加快推进 2022-2023 年铁路专用线等重点项目建设的通知》（发改基础［2021］1746 号）［EB/OL］.［2022-05-05］. https://xw. qq. com/cmsid/20220505A0716F00.

[45] 中国国家铁路集团有限公司．中国国家铁路集团有限公司 2021 年年度报告［R］. 北京：中国国家铁路集团有限公司，2022.

[46] 中国国家铁路集团有限公司．中国国家铁路集团有限公司 2020 年度财务报告［R］. 北京：中国国家铁路集团有限公司，2021.

[47] 中国国家铁路集团有限公司．中国国家铁路集团有限公司 2019 年年度报告［R］. 北京：中国国家铁路集团有限公司，2020.

[48] 中国国家铁路集团有限公司．中国国家铁路集团有限公司 2019 年度财务报告［R］. 北京：中国国家铁路集团有限公司，2020.

[49] 中国中铁股份有限公司．中国中铁股份有限公司 2021 年年度报告［R］. 北京：中国中铁股份有限公司，2022.

[50] 中国中铁股份有限公司．中国中铁股份有限公司2021年度环境、社会与管治报告暨社会责任报告［R］．北京：中国中铁股份有限公司，2022.

[51] 中国中铁股份有限公司．中国中铁股份有限公司2020年年度报告［R］．北京：中国中铁股份有限公司，2021.

[52] 中国中铁股份有限公司．中国中铁股份有限公司2020年社会责任报告［R］．北京：中国中铁股份有限公司，2021.

[53] 中国交通建设股份有限公司．中国交通建设股份有限公司2021年年度报告［R］．北京：中国交通建设股份有限公司，2022.

[54] 中国交通建设股份有限公司．中国交通建设股份有限公司2021年社会责任报告［R］．北京：中国交通建设股份有限公司，2022.

[55] 中国交通建设股份有限公司．中国交通建设股份有限公司2021年环境、社会及管治报告［R］．北京：中国交通建设股份有限公司，2022.

[56] 中国交通建设股份有限公司．中国交通建设股份有限公司2020年年度报告［R］．北京：中国交通建设股份有限公司，2021.

[57] 中国交通建设股份有限公司．中国交通建设股份有限公司2020年社会责任报告［R］．北京：中国交通建设股份有限公司，2021.

[58] 中国铁建股份有限公司．中国铁建股份有限公司2021年年度报告［R］．北京：中国交通建设股份有限公司，2022.

[59] 中国铁建股份有限公司．中国铁建股份有限公司2021年社会责任报告［R］．北京：中国交通建设股份有限公司，2022.

[60] 中国铁建股份有限公司．中国铁建股份有限公司2020年年度报告［R］．北京：中国交通建设股份有限公司，2021.

[61] 中国铁建股份有限公司．中国铁建股份有限公司2020年社会责任报告［R］．北京：中国交通建设股份有限公司，2021.

[62] 中国铁路通信信号股份有限公司．中国铁路通信信号股份有限公司2021年年度报告［R］．北京：中国铁路通信信号股份有限公司，2022.

[63] 中国铁路通信信号股份有限公司．中国铁路通信信号股份有限公司2021年度环境、社会及管治报告［R］．北京：中国铁路通信信号股份有限公司，2022.

[64] 中国铁路通信信号股份有限公司．中国铁路通信信号股份有限公司2020年年度报告［R］．北京：中国铁路通信信号股份有限公司，2021.

[65] 中国铁路通信信号股份有限公司．中国铁路通信信号股份有限公司2020年度社会责任报告［R］．北京：中国铁路通信信号股份有限公司，2021.

[66] 中国中车股份有限公司．中国中车股份有限公司2021年年度报告［R］．北京：中国中车股份有限公司，2022.

[67] 中国中车股份有限公司．中国中车股份有限公司2021年社会责任报告［R］．北京：中国中车股份有限公司，2022.

[68] 中国中车股份有限公司．中国中车股份有限公司 2020 年年度报告 [R]．北京：中国中车股A　有限公司,2021.

[69] 中国中车股份有限公司．中国中车股份有限公司 2020 年社会责任报告 [R]．北京：中国中车股份有限公司，2021.

[70] 中国神华能源股份有限公司．中国神华能源股份有限公司 2021 年度报告 [R]．北京：中国神华能源股份有限公司，2022.

[71] 中国神华能源股份有限公司．中国神华能源股份有限公司 2021 年度环境、社会责任和公司治理报告 [R]．北京：中国神华能源股份有限公司，2022.

[72] 中国神华能源股份有限公司．中国神华能源股份有限公司 2020 年度报告 [R]．北京：中国神华能源股份有限公司，2021.

[73] 中国神华能源股份有限公司．中国神华能源股份有限公司 2020 年环境、社会责任和公司治理报告 [R]．北京：中国神华能源股份有限公司，2021.

[74] 京沪高速铁路股份有限公司．京沪高速铁路股份有限公司 2021 年年度报告 [R]．北京：京沪高速铁路股份有限公司，2022.

[75] 京沪高速铁路股份有限公司．京沪高速铁路股份有限公司 2021 企业社会责任报告 [R]．北京：京沪高速铁路股份有限公司，2022.

[76] 京沪高速铁路股份有限公司．京沪高速铁路股份有限公司 2020 年年度报告 [R]．北京：京沪高速铁路股份有限公司，2021.

[77] 京沪高速铁路股份有限公司．京沪高速铁路股份有限公司 2020 企业社会责任报告 [R]．北京：京沪高速铁路股份有限公司，2021.